처음마음

처음마음

이찬수 지음

규장

프롤로그

삶의 참 행복을 향해
주를 향한 처음마음을 새롭게 하라

거짓된 행복

최근에 내 눈길을 잡아끄는 사진이 하나 있었다. 북한의 김정은 위원장 부부가 아이들과 함께 찍은 사진이었다. 설명을 보니, 그 사진은 위원장 부부가 묘향산 기슭에 있는 소년단 야영소를 방문했을 때 찍은 사진이라고 한다. 무엇보다 그 사진 속의 아이들의 모습이 내 눈길을 사로잡았다.

그 사진 속에는 남루한 옷차림을 한 어린아이들이 눈물을 흘리며 박수를 치고 있었다. 감격에 겨워 박수를 치는 그 모습은 정말 행복해

보였다. 나는 만감이 교차하는 마음으로 그 사진을 한참 동안이나 들여다보았다.

'사진 속의 아이들이 느끼고 있는 지금의 저 행복감은 무엇을 의미하는가?'

여러 가지 생각이 겹쳤지만, 무엇보다 나는 김정은 위원장 앞에서 행복해서 눈물 흘리는 그 아이들이 불쌍하고 안타까워서 마음이 아팠다. 지금 그 아이들이 느끼는 행복감은 눈이 가려진 행복감, 인간이 마땅히 누려야 할 권리가 무엇인지 모르는 상태에서 호도된 거짓된 행복감이라는 생각이 들었기 때문이다.

진정한 행복을 모르는 사람들

그러다가 문득 몇 년 전에 텔레비전에서 방영한 〈행복의 비밀코드〉라는 제목의 다큐멘터리가 생각났다. 그 프로그램에서 '서울 시민의 행복도 조사'라는 설문조사 결과를 보여주었는데, "행복하기 위해 필요한 것은 무엇인가?"라는 질문에 '돈'이라고 응답한 사람의 비율이 40.6퍼센트로 1위를 차지했다. 그리고 "돈이 얼마나 있다면 행복할까?"라는 질문에는 가장 많은 사람들이 '10억에서 50억 사이'라고 응답했는데, 그 수치가 무려 39.25퍼센트에 달했다.

그런데 막상 전문가들이 '행복과 소득과의 상관관계'를 조사해보니, 월수입 400만 원까지는 행복도가 수입의 증가와 비례해서 상승하지만, 400만 원 이상부터는 수입이 증가해도 더 이상 행복도가 상승하지 않았다.

또한 실제로 월평균 소득이 월 430만 원인 사람과 680만 원인 사람과의 '소득과 행복 점수' 차이를 조사한 결과, 두 사람 사이의 행복도에는 차이가 거의 없었다.

왜 이런 결과가 나타나는 것일까? 사람들이 더 많은 돈을 벌기 위해 노력하는 과정에서 사랑하는 가족이나 소중한 친구들과 함께하는 시간 등 정작 중요한 것들을 잃거나 포기해야 하는 일들이 많아지기 때문이다. 사정이 이런데도 세상의 수많은 사람들은 여전히 더 많은 돈을 벌면 그에 비례해 행복도 증가되는 줄 알고 숨가쁘게 달려가고 있다. 그리고 그 과정에서 진짜 소중한 것들을 잃어버린 채 살아가고 있다.

나는 이처럼 방향 잃은 현대인들의 모습과 김정은 위원장 앞에서 행복에 겨워 눈물 흘리는 북한의 아이들의 모습에서 공통점 하나를 발견했다. 그들은 모두 자신을 진정으로 행복하게 하는 정말 소중한 것이 무엇인지 모른다는 것이다.

여전히 처음마음을 간직하고 있는가?

나는 서른 살이 되던 해에 미국에서의 이민생활을 정리하고 홀로 한국으로 돌아왔다. 이민 초기, 자살 충동을 느낄 정도로 혼미했던 내 인생에 예수님이 은혜로 개입해주셨다. 그리고 그 감격과 감사가 신학교 문을 두드리는 사명으로까지 연결되었다.

그 당시에 나는 조국으로 돌아가 입시에 허덕이며 참 행복이 뭔지 모르고 사는 우리나라 청소년들을 섬기는 사역자가 되겠다는 꿈과 더 나아가 장기적으로 믿지 않는 사람들조차도 박수 치며 인정해주는 진정한 멋진 교회를 세워보겠노라는 꿈을 가지고 있었다. 그리고는 숨 가쁘게 달려온 세월이 23년이다.

23년의 세월이 흐른 지금, 나는 간혹 나 자신에게 이런 질문을 던진다.

"나는 왜 이민생활을 정리하고 여기에 와 있는가?"

그리고 연이어 이런 질문을 던진다.

"아직도 23년 전의 순수했던 '처음마음'이 내게 살아 있는가?"

이런 질문을 스스로에게 던지는 것은 내 마음에 숨어 있는 불안감 때문이다.

그것은 요한계시록 2장 4절의 말씀, "그러나 너를 책망할 것이 있나니 너의 처음 사랑을 버렸느니라"라고 하신 에베소교회 성도들을 향한 서슬 퍼런 주님의 책망이 오늘 나에게 던져지지 않을까 하는 불안감이다. 그래서 나는 자주 이렇게 독백하며 묻는다.

"어떻게 하면 이민 보따리 두 개 싸들고 홀로 한국행 비행기에 올라타던 그때의 '처음마음'을 회복할 수 있을까?"

우리 모두 스스로에게 이 질문을 던져야 한다.

"어떻게 하면 주님의 사랑 하나면 더 이상 다른 어떤 것도 필요하지 않다고 고백하던 뜨거운 가슴을 회복할 수 있을까?"

믿는 자들에게 전해지는 복음

사실, 처음에 이 책을 기획한 것은 예수 믿지 않는 분들에게 예수님의 복음을 소개하기 위해서였다. 그래서 기초적인 복음과 주님의 십자가 정신에 대해서 다루었다. 그런데 시간이 지날수록, 복음의 기초를 다루고 있는 이 책이 이미 예수 믿고 있는 기존 신자들에게도 필요하다는 생각이 들었다. 로마서 1장 15절에 보면 이런 말씀이 나온다.

> 그러므로 나는 할 수 있는 대로 로마에 있는 너희에게도 복음 전하기를 원하노라 롬 1:15

지금 바울은 애타게 복음 전하기를 원하는 대상이 있는데, 그 대상에 대해 8절에서 이렇게 설명한다.

먼저 내가 예수 그리스도로 말미암아 너희 모든 사람에 관하여 내 하나님께 감사함은 너희 믿음이 온 세상에 전파됨이로다 롬 1:8

우리가 일반적으로 생각하기로는, 복음은 예수 믿지 않는 사람들에게 전해야 하는 것인데, 놀랍게도 바울은 이미 예수 믿고 있는 성도들, 아니 믿고 있는 정도가 아니라 그 믿음이 성숙해서 온 세상에 소문이 퍼져 있는 사람들을 향해 복음을 전하고 싶어 한다. 바울이 얼마나 간절히 이미 성숙한 믿음을 가지고 있던 로마 성도들에게 복음 전하기를 갈망했는지, 로마서 1장 13절에서 그는 이런 고백을 던진다.

형제들아 내가 여러 번 너희에게 가고자 한 것을 너희가 모르기를 원하지 아니하노니 롬 1:13

이 대목에서 나는, 믿는 우리의 신앙의 연조가 깊어질수록, 그리고 영적으로 충만하면 할수록 더욱 복음을 들어야 한다는 사실을 간과했던 지난 시간을 반성한다. 우리는, 사실은 자신을 억압하는 독재자 김정은 위원장 앞에서 감격의 눈물을 흘리는 북한의 아이들이나, 혹은 여전히 돈을 많이 벌면 벌수록 행복해질 수 있다고 믿는 이 시대 사람들에게 우리가 발견한 '진정한 행복의 길'이 무엇인지를 가르쳐줘야 할 책임이 있는 자들이다.

중요한 것은, 그 역할을 다하기 위해서는 '처음마음'을 회복해야 한다는 것이다. 처음 주님을 만났을 때, 그때 내 환경과 상황을 초월하여 누렸던 진정한 행복감을 되찾아야 한다. 그리고 그 '처음마음'을 회복하기 위해 우리는 다시 복음의 처음 자리로 되돌아가야 한다. 내가 '진정한 행복'을 누리지 못하는데 어떻게 행복한 예수 그리스도를 증거할 수 있겠는가?

나는 이 책이 한국 교회 성도들에게 로마서 1장에서의 바울의 심정을 회복하는 데 도움이 되기를 원한다. 그리고 그 일을 위해서 먼저 우리 가슴에 복음의 열정이 회복되기 원한다. 하나님을 처음 만났던 감격이 회복되기 원한다.

그리고 나는 예수님 믿지 않는 분들의 손에 이 책이 들려지기 원한다. 그래서 진정한 행복은 예수 그리스도의 십자가에 있음을 깨닫게 되기를, 세상에서 만날 수 없는 인생의 참된 보호자를 만나게 되기를, 그래서 그분을 향한 사랑의 처음마음을 갖게 되기를 간절히 바란다. 가장 절망적인 순간에 나를 찾아오셔서 내게 참 행복의 씨앗을 심어주신 그 주님과의 동행을 시작하게 되기를 원한다.

입시생을 포함한 세 자녀 뒷바라지로 힘든 시간을 보내면서도 목회에만 전념하도록 배려를 아끼지 않는 아내와 구순을 바라보는 연세에도 어전히 새벽마다 아들을 위해 기도하시는 어머니에게 감사드린다. 부족한 담임목사의 허물을 감추어주며 사랑으로 격려해주시는 분당우리교회 모든 성도님들께 감사드린다. 그리고 책이 나올 때마다 수고를 아끼지 않는 규장의 여진구 대표와 편집부 직원들에게 감사드린다. 이런 아름다운 만남의 축복을 주신 하나님께 감사드린다.

이찬수

프롤로그

PART 1
나를 향한
주님의 마음은 사랑이다

CHAPTER 1 | 진정한 힐링은 그분 안에 있다   16
CHAPTER 2 | 주님만이 진정한 보호자가 되신다   38
CHAPTER 3 | 하나님의 사랑의 터치가 변화의 시작이다   62

PART 2
주님을 향한
나의 마음을 새롭게 하라

CHAPTER 4 | 우리가 지켜야 할 처음마음은 사랑의 십자가이다   88
CHAPTER 5 | 그분은 지금도 당신을 기다리신다   112
CHAPTER 6 | 우리를 택하신 하나님 사랑에 예스로 반응하라   128

CONTENTS

PART 3
늘 새로운
처음마음으로 주와 동행하라

CHAPTER 7	내 생각 대신 하나님 생각으로 덧입으라	152
CHAPTER 8	정답을 아는 인생에 능력이 있다	168
CHAPTER 9	삶으로 보여주는 믿음에 힘이 있다	186

혹시 지금 마음이 깨어져 고통당하고 있는가?
그렇다면 지금이야말로 하나님을
경험하기에 가장 좋은 기회이다.
우리의 상한 마음이 하나님을 만나는
복된 통로가 되기를 간절히 바란다.
그러기 위해서는 하나님의 영향권 안으로 들어와야 한다.
그럴 때 우리의 상한 마음이 주님을 만나는 소망이 된다.

PART
01

나를 향한
주님의 마음은 사랑이다

내 이름을 경외하는 너희에게는 공의로운 해가 떠올라서 치료하는 광선을 비추리니 너희가 나가서 외양간에서 나온 송아지같이 뛰리라 말 4:2

CHAPTER 1

진정한 힐링은
그분 안에 있다

힐링이 필요한 세대

일반적으로 전쟁이 끝난 후에는 출산율이 급증하는 이른바 '베이비 붐'(Baby Boom) 현상이 나타난다. 전쟁을 겪으며 생명의 위협을 느낀 사람들이 본능적으로 종족 보존을 위해 자녀를 많이 낳기 때문이다. 우리나라 역시 6·25 전쟁 이후 출산율이 급격히 증가했다. 그렇게 해서 태어난 세대가 1955년부터 1963년 사이에 태어난 '베이비붐 세대' 이다.

나 역시 베이비붐 세대 중의 한 사람이다. 내가 초등학교에 다닐 때 집집마다 아이들이 정말 많았다. 학교에서는 한 학급에 학생 7, 80명이 콩나물시루처럼 빽빽하게 앉아서 수업을 받았고, 그것도 모자라 오전반, 오후반 나누어서 수업을 받아야 했다.

세월이 흘러 장성한 베이비붐 세대들이 결혼을 하여 자녀를 낳았는데, 1979년부터 1992년 사이에 태어난 그 젊은 세대를 가리켜 '에코 세대'라고 한다. '에코'(echo)는 '메아리'라는 뜻으로, 산에 올라가 "야호" 하고 소리치면 그것이 메아리쳐서 다시 내 귀에 들리는 것처럼 베이비붐 세대가 낳은 자녀들이라고 해서 그들을 '에코 세대'라고 부르는 것이다.

이제 베이비붐 세대들이 은퇴를 앞두고 있는 시대가 되었다. 그런데 문제는 그들이 은퇴를 앞두고 있는 지금, 은퇴 이후를 살아갈 준비가 전혀 되어 있지 않다는 것이다. '100세 시대'라는 말이 나올 정도로 평균 수명이 늘어나 은퇴 이후에도 수십 년을 더 살아야 하는데, 그 많은 사람들이 노후 대책이 안 되어 있다는 것은 큰 사회적 문제이다. 그래서 지금 베이비붐 세대들은 노후에 대한 걱정으로 시름을 앓고 있다.

그런가 하면 그들의 자녀 세대인 에코 세대의 고민도 만만치 않다. 지금 에코 세대는 세 가지 난(難)에 빠져 있다고 분석한다. 첫째는 취업난, 둘째는 결혼난, 셋째는 주택난이다. 취직도 안 되고, 혼기가 꽉 찼는데 결혼도 못하고 있는 젊은 청년들이 주변에 참 많다. 그리고 설령 결혼을 한다 해도 주택난 때문에 들어가 살 집이 없다. 그러니 살 집이 없어서 결혼을 못하는 현상도 벌어진다. 상황이 이렇다 보니 그 젊은 세대가 꽃을 피우기도 전에 낙심과 좌절과 절망을 먼저 경험하고 있다. 어느 신문에서 보니 이런 현상을 꼬집으면서 "에코 세대는 애고 세대"라는 제목으로 기사를 내보내기도 했다.

그리고 보면 우리는 지금 젊은 세대, 기성세대 가릴 것 없이 모든 세대가 다 불안하고 걱정 많고 염려하는 세상에서 살아가고 있다. 지금 우리나라에 불고 있는 '힐링(healing) 열풍'도 그 연장선이라고 볼 수 있다. 출판계, 방송계를 비롯하여 '힐링'이 안 들어가는 분야가 없을 정도로 '힐링 열풍'이다. 왜 이렇게 여기도 힐링, 저기도 힐링 하면서 '힐링 열풍'인가? 전문가들은 이렇게 분석했다.

"압축 성장으로 경제는 발전했지만 무한경쟁 속에서 한국인들의 마음은 피곤하고 지쳐 있는 상태이다. 무엇보다도 경쟁에서 실패하면 낙오자가 될 것이라는 불안감과 고립감으로 시달리고 있는 심리상태가 힐링 열풍을 낳았다."

참 가슴 아픈 분석이다. 나 역시 목사로서 마음이 상하고 지친 사람들을 정말 많이 만나곤 한다. 하루에도 몇 번씩 눈물 없이는 들을 수 없는 가지각색의 사연과 함께 기도와 상담 요청이 들어온다. 얼마 전에는 개인 트위터로 짧은 질문 하나가 올라왔다.

"목사님, 자살은 정말 죄인가요? 그렇다면 어서 데려가달라는 기도도 죄가 될까요?"

이 짧은 문장만으로도 그 마음이 얼마나 많이 상해 있는지, 얼마나 깊은 좌절과 절망을 경험하고 있는지 느낄 수 있었다. 개인 이메일을 알려달라고 요청하여 연락을 주고받았는데, 꼭 막내 동생 보는 것 같은 연민의 정이 느껴지면서 마음이 아파왔다. 이렇게 마음이 상하고 아픈 사람들이 정말 많다. 그런 성도들을 모시고 목회를 하다 보니 내 마음에는 "어떻게 하면 이분들의 어려움을 더 잘 위로하고 섬길 수 있을까?" 하는 부담이 늘 무겁게 자리 잡고 있다.

회복탄력성

그런 와중에 '회복탄력성'이라는 단어가 내 눈을 번쩍 뜨게 만들었다. '회복탄력성'이란 말은 김주환 교수가 쓴 책의 제목이기도 한데, 저자는 그 책에서 '회복탄력성'에 대해 이렇게 정의 내린다.

"회복탄력성이란 자신에게 닥치는 온갖 역경과 어려움을 오히려 도약의 발판으로 삼는 힘을 말한다."

그 책을 읽다가 다른 곳에서는 이 단어를 어떻게 설명하는지 궁금해 찾아봤더니, 인터넷 백과사전에는 이렇게 나와 있었다.

"회복탄력성이란 밑바닥까지 떨어져도 꿋꿋하게 되튀어 오르는 능력을 일컫는다."

그러면서 부연 설명을 이렇게 달았다.

"물체마다 탄성이 다르듯이 사람에 따라 탄성이 다르다. 역경으로 인해 밑바닥까지 떨어졌다가도 강한 회복탄력성으로 튀어 오르는 사람들은 대부분의 경우 원래 있었던 위치보다 더 높은 곳까지 올라간다. 어떤 불행한 사건이나 역경에 대해서 어떤 의미를 부여하느냐에 따라 불행해지기도 하고 행복해지기도 한다."

정말 멋진 이야기 아닌가? 《회복탄력성》이란 책에 보면 이런 내용도 있다.

"성공이라는 것은 실패나 좌절이 없는 사람이 누리는 것이라기보다는 역경과 시련을 잘 극복해낸 사람들에게 주어지는 선물 같은 것이다."

많은 도전을 받으며 그 책을 읽다가 문득 두 가지 생각이 탁 떠올랐다. 그중 하나는, 세대를 막론하고 너 나 할 것 없이 모두가 다 힘들고 불안한 이 시대에 삶의 어려움을 피할 수 없다면 우리가 다 이 회복탄력성을 가시면 좋겠다는 생각이었다. 인생의 밑바닥까지 떨어져도 꿋꿋하게 다시 튀어 오를 수 있는 힘이 있다면 많은 사람들이 절망 속에서도 다시 일어날 수 있을 것이라는 생각 때문이었다.

그러면서 동시에 떠오른 생각이, 그러고 보니 내 손에 들려 있는 이 성경책이야말로 회복탄력성의 이야기로 가득 찬 책이 아닌가 하는 것이었다.

우리가 잘 알고 있는 요셉이 그랬고, 다윗이 그랬다. 형들의 질투 때문에 애굽의 노예로 팔려갔던 절망적인 상황에서 요셉은 그 운명에 굴하지 않고 기어이 우뚝 일어서는 회복탄력성을 보여주었다. 오랜 시간 사울 왕에게 쫓겨 다니며 숨어 지내야 했던 다윗 역시 기나긴 인내 끝에 한 나라의 왕으로서 우뚝 설 수 있었다.

욥은 어땠는가? 오늘날과 비교해보면 번창하던 사업이 갑자기 부도가 나고 엎친 데 덮친 격으로 불치병까지 걸리자 주변의 모든 사람들에게 질책을 당하고 사랑하는 아내에게까지 조롱당하던 비참한 상황이었다. 세상에 어느 누가 그런 상황을 의연하게 견뎌낼 수 있었겠는가? 그렇기 때문에 욥이 심각한 우울증 걸렸다거나 혹은 삶을 비관해 자살로 생을 마감했다 하더라도 그 심정을 이해할 수 있을 정도이다. 그러나 놀랍게도 욥은 기어이 그 난관을 극복해내고 벌떡 일어나 말 그대로 '회복탄력성'이 무엇인지 보여주었다.

회복탄력성을 도우시는 하나님

성경 속의 이런 인물들을 다 열거하자면 끝이 없다. 그야말로 성경은 회복탄력성이 출중한 인물들로 가득 차 있다. 그렇다면 이런 질문이 생긴다.

"아니, 그런 사람들은 도대체 비결이 뭐야? 무엇을 어떻게 했기에 그런 역경과 절망을 딛고 일어날 힘이 생긴 거지?"

출애굽기 15장 26절에 이런 말씀이 있다.

이르시되 너희가 너희 하나님 나 여호와의 말을 들어 순종하고 내가 보기에 의를 행하며 내 계명에 귀를 기울이며 내 모든 규례를 지키면 내가 애굽 사람에게 내린 모든 질병 중 하나도 너희에게 내리지 아니하리니 나는 너희를 치료하는 여호와임이라 출 15:26

이 말씀에서 하나님은 자신을 가리켜 '치료하는 여호와'로 정의하고 계신다. 얼마나 위로가 되는 말씀인가? 말라기서 4장 2절에도 비슷한 말씀이 나온다.

내 이름을 경외하는 너희에게는 공의로운 해가 떠올라서 치료하는 광선을 비추리니 너희가 나가서 외양간에서 나온 송아지같이 뛰리라 말 4:2

이런 말씀들을 보면서 내 입에서 이런 감탄이 흘러나왔다.
'아, 우리 하나님은 우리를 치료하시어 우리가 절망을 딛고 다시 일어나 외양간에서 풀려 난 송아지처럼 뛸 수 있도록 도우시는 분이구나. 바로 우리의 회복탄력성을 도우시는 분이구나! 그래서 성경의 수많은 인물들이 역경 속에서도 탁월한 회복탄력성으로 다시 일어설 수 있었던 것이었어!'

그 깨달음이 있고 나니 이 땅의 모든 예수 믿는 사람들이 바로 이 회복탄력성을 도우시는 살아 계신 하나님을 만나게 해달라는 기도가 절로 나왔다. 그 하나님을 만날 때 우리는 다시 일어설 수 있다. 우리 인생에 어떤 무거운 짐이 있든지 상관없다. 하나님은 인생의 짐으로 허덕이는 이들을 도와주시는 분이기 때문이다. 그 절망적인 자리에서 용수철처럼 튀어오를 수 있도록 우리의 회복탄력성을 도우시는 분이 하나님이시다.

회복탄력성의 전제조건

그런데 여기에서 우리가 기억해야 할 것은 하나님이 도우시는 회복탄력성에 전제조건이 있다는 것이다. 말라기서 4장 2절 말씀을 다시 보자. 이 말씀은 전제와 결과 두 부분으로 요약하여 정리할 수 있다.

전제 : 내 이름을 경외하는 너희에게는
결과 : 외양간에서 나온 송아지같이 뛰리라

이처럼 회복탄력성의 역사와 능력은 아무에게나 일어나는 것이 아니라, 하나님을 경외하는 사람에게 일어난다.

'경외'라는 단어는 사전적으로 '공경하면서 두려워함'이라는 뜻이다. 그 대상의 존재가 크고 존경스러워서 공경하면서도 도저히 내가 감당할 수 없기에 생기는 두려움을 말한다. 여기서 말하는 두려움은 그냥 두려움이 아니다. 집에 강도가 들어 흉기를 들이밀면서 "꼼짝마!" 하면 모두가 놀라 두려움에 떨면서 강도가 시키는 대로 꼼짝하지 못한다. 그러나 그런 상태를 '경외'라고 말하지 않는다.

그것은 경외가 아니라 그냥 두려움이다. 경외는 그런 협박으로 생기는 감정이 아니라 자발적으로 우러나오는 감정이다. 하나님께서는 우리에게 바로 이것을 요구하신다.

우리가 사는 이 시대는 포스트모더니즘의 영향으로 모든 절대자를 죽인 시대이다. 스승의 권위도 죽이고, 위정자들의 권위도 다 죽였다.

그런 시대를 살고 있는 현대인들은 "절대자 하나님은 필요 없다"고 말한다. 이처럼 과학이 발전한 이 시대에 무슨 신을 믿느냐고, 나는 내 지식과 내 힘을 믿는다고 말하며 하나님을 몰아낸 시대가 바로 오늘 우리가 사는 이 시대이다. 그런 우리에게 하나님은 그분을 향한 경외함을 회복하라고 말씀하신다.

하나님을 인정하라!

하나님께서는 왜 자신을 향한 '경외'의 회복을 원하시는가? 이런 의문을 가지고 말라기서 4장 2절 말씀을 여러 차례 읽으며 깊이 묵상하는 가운데 이 말씀에서 흥미로운 것을 발견했다. 이 구절을 가만히 보니, 여기에 우리의 신앙생활의 세 가지 단계가 담겨 있는 것이다.

첫 번째 단계는 신앙생활의 초보 단계이다. 신앙의 초보 단계 때는 딱 한 가지만 하면 된다. 하나님의 존재를 인정하기만 하면 되는 것이다. 하나님의 존재를 인정하는 단계가 바로 이 신앙의 초보 단계이다.

앞서 언급한 출애굽기 15장 26절에서도 치료의 하나님을 경험하기 위한 전제조건이 있었다.

> 이르시되 너희가 너희 하나님 나 여호와의 말을 들어 순종하고 내가 보기에 의를 행하며 내 계명에 귀를 기울이며 내 모든 규례를 지키면 출 15:26

이렇게 할 때 하나님이 우리의 '치료하시는 하나님'이 되어주시겠다는 말씀이다. 하나님이 말씀하신 전제조건을 요약하면 딱 한마디이다.

"나를 인정해다오."

바로 이것이다. 하나님은 우리에게 인정받기 원하신다. 그렇다면 하나님은 왜 그렇게 자신을 인정하는 것을 중요하게 여기실까? 대답은 간단하다. 하나님이 인격자이시기 때문이다.

나무 보고 빌고, 달 보고 비는 사람들 중에 그 나무나 달이 인격자라고 생각하는 사람은 없을 것이다. 하지만 하나님은 그런 인격 없는 피조물과는 다른 창조주 되시는 인격자이시다. 인격을 가진 존재의 공통적인 특징이 바로 자기 존재를 인정받고 싶어 한다는 것이다.

인정은 설교자를 춤추게 한다

간혹 다른 교회의 초청을 받아 집회를 인도하다 보면 한 가지 이상한 일이 벌어지곤 한다. 집회를 갈 때마다 새로운 말씀을 준비해서 전하는 것이 어려워서 같은 설교 원고를 가지고 여러 교회에서 말씀을 전하곤 하는데, 그때마다 그 결과가 천차만별인 것이다. 어떤 교회에서는 말씀을 통해 은혜가 쏟아지고 회개가 일어나는 놀라운 역사가 일어나는 반면, 또 어떤 교회에서는 똑같은 말씀을 전하는데도 냉랭한 분위기가 감돈다. 왜 똑같은 사람이 똑같은 말씀을 가지고 설교를 하는데 전혀 다른 결과가 나오는 것일까?

왜 이런 차이가 나는지에 대해 곰곰이 생각하다가 한 가지 발견한 것이 있다. 집회를 통해 회개와 부흥이 일어나고 놀라운 은혜와 역사가 임하는 교회에는 공통점이 있었는데, 그런 교회는 하나같이 강사인 나의 존재를 인정해주는 교회라는 것이다.

처음 소개를 할 때부터 "오늘 강사 목사님은 대한민국에서 설교를 제일 잘하는 목사님입니다"라고 하면서 한껏 추켜 세워준다. 물론 말도 안 되는 이야기인 것은 알고 있다. 또한 말뿐만 아니라 강사인 나를 진심으로 우대하고 존중해준다. 다시 말해, 정성을 다해서 나의 인격과 존재를 인정해주는 고마움을 느끼게 해주는 것이다. 그런 교회에서 말씀을 전할 때면 어김없이 은혜가 넘친다. 그 이유가 무엇이겠는가? 말씀을 전하는 내가 인격자이기 때문에 그렇다. 모든 인격을 가진 존재는 존중받고 인정받기를 원한다.

이런 측면에서 보면 나는 내가 섬기고 있는 분당우리교회의 성도들에게 정말 감사할 수밖에 없다. 장년 목회의 경험 없이 청소년 사역만 하던 내가 교회를 개척했으니 얼마나 미흡했겠는가? 그런데도 지적하기보다 "잘한다, 잘한다, 목사님이 최고다"라고 하며 칭찬해주고 격려해주니 신이 나서 목회를 할 수 있었다.

언젠가 한번은 성도들이 "설교가 정말 좋았어요"라는 말을 많이 해주기에 '진짜 좋은가?' 하는 생각에 그날 설교를 들어본 적이 있다. 하지만 도저히 끝까지 다 못 듣고 중간에 꺼버렸다. 그때 다시 한 번 깨달았다.

'내가 진짜로 설교를 잘해서가 아니라 성도들이 은혜를 받아 나를

격려해주는구나!'

아마도 내가 설교만 했다 하면 설교를 왜 그렇게 하느냐고 지적이 난무했다면 나는 점점 위축되어 더 설교를 제대로 할 수 없었을 것이다.

가정을 살리는 비결

이런 맥락에서 보면 부부 관계의 회복, 가정의 회복을 일으키는 비결도 간단하다. 아마도 많은 아내들이 부실한 남편 때문에 고생하고 있을 텐데, 회복의 비결이 있다. 지금부터 그 부실한 남편의 좋은 점을 찾아서 그것을 침소봉대(針小棒大)하여 선포하는 것이다. 장점 찾기가 쉽지는 않아도 수고하고 애쓰면 찾을 수 있다. 그것을 확대하여 침이 마르고 닳도록 칭찬해보라.

"그동안 내가 잘 몰랐는데, 당신에게 이런 좋은 점이 있었군요. 교회에 다녀와서 은혜를 받고 영의 눈이 뜨이니 당신의 좋은 점이 정말 많군요!"

부실한 아내도 마찬가지고, 자녀들 역시 마찬가지다. 내 눈에 모자란 것투성이인 아내와 사는 남편들도 아내의 장점을 찾아서 크게 떠들고 선포하며 칭찬해보라. 아내의 태도가 달라질 것이다. 또한 자녀들에게도 그렇게 해보라. 이 땅의 모든 부모들은 자녀 앞에서 '아부왕'이 되어야 한다. 손바닥 아무리 비비며 직장 상사에게 아부해봐야 득 되는 것 별로 없다. 그러나 자녀는 노후의 안전보장이다. 열심히 아부해야 한다.

나는 우리 세 아이들에게 아부를 얼마나 많이 하는지 모른다. 막내아들이 일어나면 꼭 껴안아주면서 "아빠는 네가 아빠 아들인 것이 정말 기쁘구나"라고 말해준다. 그러면 감격해서 "저도 그래요. 아빠"라고 말해야 정상인데, 아들은 가만히 서서 아무 반응이 없다. 그런데도 나는 아들의 뺨을 어루만지며 이렇게 이야기한다.

"어쩜 이렇게 잘생겼니? 아빠 얼굴에서 어떻게 이런 아들이 나왔을까? 난 기적이라고 생각한다. 사람들이 너를 보고 개량된 이찬수 목사라고 하더라. 아빠를 닮기는 했는데 아빠보다 훨씬 잘생겼다고 말이야."

그러면 이들은 흐뭇한 표정으로 내게 몸을 맡기곤 한다. 막내아들뿐 아니라 위의 두 딸에게도 나는 아부의 왕이다. 기회만 생기면 아부를 한다.

"작년 이맘때의 네 모습을 생각해보니 1년 사이에 네가 얼마나 많이 변했는지 아빠는 정말 감격스럽구나. 너는 아마 모를 거야. 아빠는 내년 이맘때의 네 모습이 정말 기대된다. 네가 얼마나 많이 성장해 있겠니?"

언젠가 딸아이가 중간고사를 치르고 내게 문자를 보냈다.

"저 수학 92점 맞았어요."

생각보다 성적이 잘 나온 딸이 자랑하고 싶어 문자를 보낸 것이다. 문자를 보자마자 나는 이렇게 답장을 보냈다.

"이야! 가문의 영광이다!"

아부의 극치이다. 사실 지나치게 과장된 이야기가 아닌가? 중간고사에서 수학 92점 한 번 받았다고 무슨 가문의 영광이겠는가? 그런데도 자녀에게 아부하면서 자녀를 인정해주고 칭찬해주는 것이다.

이렇게 아이들에게 아부한 지 벌써 몇 년이 되었는데, 놀라운 사실은 정말로 아이들이 변화되었다는 것이다. 이것은 이렇게 잘했고, 저것은 저렇게 잘못했고 하면서 잘잘못을 따질 때보다 훨씬 효과적이다. 자녀를 향한 인정과 칭찬이 자녀를 변화시키는 것이다.

이것이 인격을 가진 인간의 특징이다. 인격을 가진 존재는 누구나 예외 없이 인정받고 싶어 하는 욕구가 있다. 그렇기 때문에 우리는 아이 어른 할 것 없이 주변 사람들의 인격을 존중해주어야 한다.

효과 좋은 영적 비결

하나님께 대해서도 마찬가지다. 하나님은 인격을 가지신 분이다. 그렇기 때문에 인격을 가지신 하나님께서는 그분의 존재를 인정받기 원하신다. 우리는 이 사실을 꼭 기억해야 한다. 내가 경험해보니, 우리 인생이 달라지기 위해서는 딱 두 가지만 하면 된다.

첫째는 하나님의 존재를 인정하는 것이다. 그리고 둘째로 그것을 속으로만 생각할 것이 아니라 입술로 표현하고 선포하는 것이다. 내가 이것을 깨닫고 인생이 정말 180도 달라졌다. 어찌 보면 이것은 내 삶을 통해 임상실험을 거친 검증된 비결이다.

예를 들면 이런 식이다. 차를 몰고 가면서 이렇게 선포하는 것이다.

"와, 하나님! 정말 고맙습니다. 저같이 미숙하고 어린아이 같은 사람이 목사로 사역하고 있다니, 다 하나님의 은혜입니다. 성도 중에 까다로운 분이 얼마나 많은데 쫓겨나지 않고 그들을 잘 섬길 수 있는 것도 하나님의 은혜 때문입니다!"

일정 중에 심방이나 상담이 있으면 이렇게 고백한다.

"하나님, 제가 아무개의 집에 상담을 하러 가는데 그 사람이 무척 예민합니다. 제게 지혜를 주세요. 하나님이 지혜의 왕 아니십니까?"

이렇게 하나님께 감사의 고백을 하면서 하나님을 인정해드리는 것이다. 그리고 그것을 말로 표현하며 선포하는 것이다. 이것이 내 삶을 얼마나 풍성하게 만드는지 모른다.

하나님은 우리에게 엄청난 무언가를 요구하지 않으신다. "네 영혼을 구원해줄 테니 팔 한쪽만 떼어다오" 이런 막무가내의 요청을 하는 분이 아니시다. 하나님은 그저 자신의 존재를 인정해주기를 바라신다. 이것이 무엇이 어려운가? 그러니 자주 자주 "창조주 하나님께서 저를 지으셨습니다"라고 그분의 존재를 인정해보라.

너는 범사에 그를 인정하라 그리하면 네 길을 지도하시리라 잠 3:6

혼란스럽기 그지없는 인생길에서 하나님을 인정하기만 하면 하나님이 그 길을 가르쳐주신다. 바로 내가 그 수혜의 증거이다.

하나님의 영향력 아래 거하라

그런가 하면 신앙의 두 번째 단계가 있는데, 나는 이것을 '중급 단계'라고 부른다. 이 단계는 하나님을 말로만 인정하는 것이 아니라 거기서 더 나아가 하나님의 영향력 아래 놓이는 것을 의미한다.

우리 인생은 누구의 영향력 아래 놓이느냐에 따라서 완전히 달라진다. 최근에 사회적으로 프로포폴 과다 투약이나 상습 투약이 큰 문제로 떠올랐다. 프로포폴은 향정신성 의약품으로 과다 투약하거나 상습적으로 투약하면 생명을 위협받을 정도로 위험하다고 한다.

프로포폴을 투약해주다가 숨진 시신을 유기한 산부인과 의사의 사건도 있었고, 집에서 시신으로 발견된 40대 여의사 주변에 프로포폴 약과 주사기가 널려 있었던 사건도 있었다. 프로포폴에 중독된 한 여성은 자기가 5년 동안 프로포폴에 쏟아 부은 돈이 6억 원이라는 고백을 하기도 했다. 정말 믿기지 않는 일이다.

생각해보라. 우리나라에서 엘리트 중의 엘리트로 꼽히는 의사가 무엇이 부족해서 프로포폴 중독에 발목이 잡혔는가? 그들이 프로포폴에 중독되면 위험하다는 사실을 몰라서 그런 결과를 초래했겠는가? 아니다. 알지만 벗어날 수 없었던 것이다. 그것이 바로 '영향력'이다.

포스트모더니즘 시대를 살아가고 있는 현대인들은 하나님 없이도 잘 살 수 있다고 주장하며 우리 마음에서 절대자이신 하나님을 몰아냈다. 그 결과 하나님을 몰아낸 우리의 마음이 진공 상태로 남아 있는 것이 아니라 온갖 것들로 가득 차게 되었다. 중독, 절망과 같은 악한 사탄의 세력에 묶이게 된 것이다. 하나님은 이런 시대를 살아가는 우리에게 무엇을 요구하시는가? 그런 악한 영향력 아래 있지 말고 하나님의 영향력 안으로 들어오라고 말씀하신다.

시편 34편 18절에 이런 말씀이 있다.

> 여호와는 마음이 상한 자를 가까이하시고 충심으로 통회하는 자를 구원하시는도다 시 34:18

'마음이 상했다'는 부분을 영어성경에서 보면 'broken heart'로 되어 있다. 직역하면 '마음이 깨져버렸다'이다. 마음이 왜 깨졌는가? 맡겨서는 안 되는 이상한 주인에게 마음을 맡겼기 때문에 그 주인이 내 마음을 함부로 취급하여 깨져버린 것이다. 이렇게 마음이 상한 자, 곧 마음이 깨져버린 자들은 어떻게 해야 하는가? 충심으로 통회하는 마음, 즉 회개하는 마음을 가져야 한다.

우리가 살인죄나 강도짓 같은 중범죄를 저질렀기 때문에 회개하라는 것이 아니다. 하나님의 영향권을 벗어나 있던 상태, 바로 그것을 회개하라는 것이다. 다시 말하면, 회개함으로 하나님의 영향권 아래로 돌아오라는 것이다.

혹시 지금 마음이 깨어져 고통당하고 있는가? 그렇다면 지금이야말로 하나님을 경험하기에 가장 좋은 기회이다. 하나님은 마음이 상한 자를 가까이하신다고 말씀하셨기 때문이다. 그것이 우리에게 희망이 된다. 영국 시인 오스카 와일드(Oscar Wilde)는 이런 말을 했다.

"상한 마음을 통하지 않고 어떻게 주 예수 그리스도가 우리의 마음 속에 들어올 수 있단 말인가?"

우리의 상한 마음이 하나님을 만나는 복된 통로가 될 수 있기를 바란다. 그러기 위해서는 하나님의 영향권 안으로 들어와야 한다. 그럴 때 우리의 상한 마음이 도리어 주님을 만나는 소망이 된다.

하나님의 기쁨을 누려라

마지막으로 신앙의 세 번째 단계는 하나님이 주시는 진정한 기쁨을 회복하고 누리는 단계이다. 말라기서 4장 2절 말씀을 다시 한 번 보자. 하나님께서는 하나님을 경외하는 자에게 어떤 일이 일어난다고 말씀하시는가?

> 내 이름을 경외하는 너희에게는 공의로운 해가 떠올라서 치료하는 광선을 비추리니 말 4:2

그래서 그 결과가 어떻게 되는가?

> 너희가 나가서 외양간에서 나온 송아지같이 뛰리라 말 4:2

나는 개인적으로 이 말씀을 무척 좋아하는데, 그 이유가 이 결과 때문이다. 우리가 나가서 외양간에서 나온 송아지같이 뛰며 기쁨을 누리게 될 것이라는 말씀이다.

여기서 보면 '너희가 나가서'라는 표현이 나온다. 이것은 무엇을 전제로 하는가? 그동안 갇혀 있었다는 것이다. 악한 사탄의 영향력 아래 갇혀 있었고, 악한 습관의 매임에 갇혀 있었으며, 좌절과 절망의 구덩이 안에 갇혀 있던 우리가 치료하시는 하나님으로 말미암아 그곳에서 나가서 외양간을 나온 송아지같이 기뻐 뛴다는 것이다.

나는 이 장면을 생각할 때마다 사도행전 3장에 나오는 성전 입구에 앉아 구걸하던 장애인이 떠오른다. 나면서부터 못 걷게 되어 평생을 장애로 고통당하며 구걸하던 그가 성전으로 들어가던 베드로와 요한을 만나고 무슨 일이 벌어졌는가? 베드로는 자신에게 구걸하는 그를 보며 "은과 금은 내게 없거니와 내게 있는 이것을 네게 주노니 나사렛 예수 그리스도의 이름으로 일어나 걸으라"(행 3:6)라고 선포했다. 주님의 능력이 그에게 임하자 어떤 결과가 나타났는가?

> 오른손을 잡아 일으키니 발과 발목이 곧 힘을 얻고 뛰어 서서 걸으며 그들과 함께 성전으로 들어가면서 걷기도 하고 뛰기도 하며 하나님을 찬송하니 행 3:7,8

나는 이 장면을 생각할 때마다 가슴이 벅차오른다. 바로 이것이 제대로 된 신앙생활의 가슴 벅찬 기쁨이기 때문이다. 오늘날 예수님을 모르거나 구주로 영접한 지 얼마 안 된 새신자는 물론이고 오랫동안 교회에 다닌 성도들 중에도 이것이 무엇을 말하는지 모르는 사람이 너무 많다. 묶여 있던 것이 풀리고, 갇혀 있던 곳에서 놓임을 받아 걷기도 하고 뛰기도 하며 기뻐하는 이 모습이 참된 신앙생활이다. 이것이 하나님의 영향력 아래로 돌아온 자가 누리는 참 기쁨이다.

치유의 역사는 지금도 계속되고 있다!

예수님은 열두 제자를 불러 권능을 주시고 그들을 각 마을로 파송하시며 복음을 전파하게 하셨다. 그때 제자들이 가는 곳에는 이런 역사가 나타났다.

> 제자들이 나가 각 마을에 두루 다니며 곳곳에 복음을 전하며 병을 고치더라 눅 9:6

제자들이 각 마을에 두루 다니며 복음을 전할 때 병을 고치는 역사가 함께 일어난 것이다. 나는 지금도 이런 역사를 믿는다. 복음이 제대로 전해지기만 한다면 오늘날에도 영육 간에 치유가 일어날 수 있다. 우리의 영과 혼과 육이 온전한 복음 안에서 회복될 수 있다.

> 그가 찔림은 우리의 허물 때문이요 그가 상함은 우리의 죄악 때문이라 그가 징계를 받으므로 우리는 평화를 누리고 그가 채찍에 맞

으므로 우리는 나음을 받았도다 사 53:5

예수님의 찔리심은 우리의 허물 때문이며, 예수님이 상하신 것은 우리의 죄악 때문이다. 예수님이 징계를 받으시고 채찍에 맞으심으로 우리는 평화를 누리고 나음을 입게 되었다. 그 놀라운 치유가 가능하도록 주님이 지신 십자가, 그 복음의 말씀을 거절하지 말기 바란다.

하나님이 치유의 은혜를 베푸시면서 우리에게 바라시는 것은 다른 것이 없다.

"하나님의 존재를 인정하라. 하나님의 영역 안으로 다시 들어오라."

그럴 때 갇혀 있던 송아지가 풀려나 뛰며 기뻐하는 것과 같은 인생을 살아가도록 하나님이 우리의 갈 길을 밝히 보여주신다. 하나님을 인정하라. 그리고 그분의 영향력 아래서 그분의 온전한 치유를 마음껏 누려라. 우리의 영혼이 지치고 곤할 때, 근심 걱정이 우리의 마음을 짓누를 때 하나님이 우리의 상한 마음을 포근히 싸매주실 것이다. 그 은혜 아래서 참된 기쁨을 마음껏 누리길 바란다.

말씀을 마치시고 시몬에게 이르시되 깊은 데로 가서 그물을 내려 고기를 잡으라 시몬이 대답하여 이르되 선생님 우리들이 밤이 새도록 수고하였으되 잡은 것이 없지마는 말씀에 의지하여 내가 그물을 내리리이다 하고 그렇게 하니 고기를 잡은 것이 심히 많아 그물이 찢어지는지라 이에 다른 배에 있는 동무들에게 손짓하여 와서 도와 달라 하니 그들이 와서 두 배에 채우매 잠기게 되었더라 시몬 베드로가 이를 보고 예수의 무릎 아래에 엎드려 이르되 주여 나를 떠나소서 나는 죄인이로소이다 하니 눅 5:4-8

CHAPTER 2

주님만이
진정한 보호자가 되신다

2년 만에 일어난 변화

언젠가 교회로 한 통의 전화가 걸려왔다. "방황하는 저를 이끌어주세요"라고 도움을 요청하는 여성의 전화였다. 그래서 교구를 담당하는 한 목사님이 그 분과 만나 상담을 하게 되었다. 대낮에 만났는데도 그녀의 몸에서는 술 냄새가 진동했고, 옷차림은 흐트러져 있었으며, 말도 횡설수설했다고 한다.

그 목사님이 두 시간 정도 그녀의 이야기에 귀를 기울여보니 요점은 이랬다. 자신이 지금 알코올중독으로 너무 고통스러운 가운데 있는데, 교회가 자기를 좀 살려달라는 것이다. 그렇게 상담을 하고 집으로 돌아오는데, 얼마나 힘이 들었는지 온몸의 기운이 다 빠져나간 것 같았다고 한다. 나도 종종 경험하는 것인데, 아픔이나 상처가 있는 분을 만나 한두 시간 상담하다 보면 상대방의 아픔과 상처가 전이되어 온 기운이 다 빠져나가는 것 같다.

그렇게 탈진한 상태로 집에 돌아온 목사님은 고민에 빠졌다. 스스로 찾아와 교회가 자신을 좀 도와달라고 요청하는데 외면할 수도 없고, 그렇다고 알코올중독이 한두 번의 상담으로 쉽게 치유되는 것도 아니니 말이다.

그녀는 그때부터 2년여 넘게 호전되었다가 다시 어려움을 겪다가를 반복했다고 한다. 교회에서 안 보이면 병원에 입원해 있는 것이었고, 퇴원하면 다시 교회를 찾는 일이 계속된 것이다. 그러다 최근에 교회 마당에서 그 분을 다시 보게 되었는데, 얼마나 많이 변했는지 2년 전과는 완전히 다른 모습이어서 깜짝 놀랐다고 한다. 얼굴에 수심이 가득하고 옷차림이나 행동이 불안해 보였던 2년 전과는 전혀 다른 모습으로 정말 밝고 평안해 보였다는 것이다. 더 기쁜 것은 그녀뿐만 아니라 그녀의 온 가족이 다 평안해 보였다는 것이다. 그 목사님은 그 삶에서 일어난 변화를 눈으로 확인한 순간 얼마나 기쁘던지 눈물이 다 나더라고 고백했다.

상처투성이 인생에 개입하신 하나님

이와 비슷한 사례가 하나 더 있다. 어릴 때 가정환경 때문에 큰 상처를 짊어지고 살아가던 한 여성의 이야기다. 그녀는 불행하게도 어릴 때 어머니의 외도 때문에 큰 상처를 받고 '엄마가 나를 버렸다'는 거절감에 평생 시달렸다고 한다. 그래서 어머니 대신 언니를 엄마처럼 의지하며 살았는데, 안타깝게도 그 언니가 자살을 했다.

이것이 한 사람의 인생에 얼마나 큰 상처였겠는가? 그러다 보니 결혼을 해서도 그 상처가 좀처럼 치유되지 않고 자살 충동에 휩싸였다. 그러던 어느 날 자살을 결심하고 수면제 한 움큼을 삼켰다. 다행히 일찍 발견되어 병원으로 옮겨져 목숨은 건질 수 있었다.

목숨은 건졌지만 마음의 병은 여전했다. 또다시 자살을 결심하고 수면제를 모으고 있는데, 그때 하나님이 그 인생에 개입하셨다. 이분의 마음속에 죽음 이후에 찾아올 고통에 대한 두려움을 심으신 것이다. '내가 이렇게 해서 죽으면 나는 어떻게 되는가?' 하는 생각이 들자 두려워지기 시작했다. 그러던 와중에 교회로 인도함을 받게 되었다. 그 결과 그 분의 얼굴이 완전히 달라졌다. 하나님을 만나 모든 상처를 치유받고 새로운 삶을 살게 된 것이다.

보호자와 함께하는 인생길

하나님을 만나 그 인생이 변화되는 이런 사례는 얼마든지 들 수 있다. 이렇게 다이내믹하고 드라마틱한 엄청난 변화는 아닐지라도 삶 속에서 개인과 가정이 어떻게 변화되어 가는지, 방황하던 자녀가 어떻게 변화되어 가는지 매주 전해 듣는 이야기만도 넘쳐나기 때문이다.

그런 이야기들을 가만히 듣다 보니 이런 놀라운 변화들 속에 공통점 하나가 발견되었다. 그것은 예수님의 개입이었다. 놀라운 이야기 전부 예수님이 그 인생에 개입하신 것이 변화의 출발점이 되더라는 것이다. 누군가 나에게 "도대체 신앙생활이 무엇입니까? 한마디로 정의해주십시오"라고 묻는다면 나는 이렇게 대답할 것이다.

"신앙생활이란 보호자와 함께하는 인생길이다."

사회적으로 큰 이슈가 되었던 영화 〈도가니〉를 본 적이 있다. 지방의 한 청각장애인학교에서 실제로 일어난 사건을 다룬 영화인데, 그곳에서 일하는 학교 관계자들이 장애를 갖고 있는 어린아이들에게 상상도 할 수 없는 성폭행을 자행한 사건을 다룬 영화이다.

그 영화를 보다가 마음에 분노가 치밀고 견딜 수 없는 울분으로 온통 휩싸였다. 장애를 가진 아이들을 돌봐주고 보호자 역할을 해주어야 할 학교 관계자들이 그 어리고 힘없는 청각장애 아이들에게 못된 짓을 하여 씻을 수 없는 상처를 준 것도 천인공노할 일이지만, 그보다 더 큰 분노를 일으키는 것이 있었다.

그것은 수많은 장애 아이들 가운데서도 보호자가 없는 아이들만 골라서 피해를 입혔다는 것이다. 부모님이 일찍 돌아가셨거나 이혼을 해서 돌봐줄 수 없는 경우, 또 살아 있어도 지적장애 등으로 자녀를 보호해줄 수 없는 부모를 둔 아이들만 골라 그런 끔찍한 짓을 저지른 것이다.

그래서 나는 그 영화를 보면서 분노가 솟구치면서도 '보호자의 역할이 이렇게 중요한 것이구나'라는 생각을 하게 되었다. 아마도 그 영화를 보고 돌아가서 자기 자녀에게 이런 다짐을 한 부모들이 많았을 것이다.

"학교에서 무슨 일이 있거나 누가 너에게 나쁜 짓을 하면 혼자 힘들어하지 말고 꼭 엄마 아빠와 상의해야 한다. 네 뒤에는 이 엄마 아빠가 있다는 것을 꼭 기억해야 한다!"

바로 이것이 보호자의 역할이다. 나 자신은 연약하지만, 누군가 내게 해코지를 해도 저항조차 할 수 없는 초라한 존재지만, 내 뒤에 보호자가 있다면 아무도 함부로 건드릴 수 없다. 이것이 보호자 있는 인생이다.

하나님만이 진정한 보호자

우리가 살아가는 인생길이 얼마나 험한가? 더군다나 초행길이다. 내일 무슨 일이 일어날지 예측이라도 할 수 있으면 대비책을 세워보겠는데, 인생이라는 것이 어디가 벼랑 끝일지, 어디에 돌부리가 있어 발에 걸려 넘어질지 도무지 알 수 없다. 그렇게 힘들고 낯선 나그네 인생길을 보호자 없이 간다는 것이 얼마나 고달프고 힘든 일이겠는가? 그런 우리에게 가장 든든한 보호자 예수님이 계시다는 것이 정말 다행스러운 일이다.

우리가 꼭 기억해야 할 것은 우리에게는 반드시 보호자가 필요하다는 것과 사람은 절대로 그 보호자가 될 수 없다는 것이다. 목사가 아무리 능력 있고 그럴듯하게 보여도 목사는 절대로 우리의 보호자가 될 수 없다.

이런 측면에서 보면, 오늘날 교회는 우리에게 참된 보호자 되시는 하나님을 소개해주는 곳인 동시에 참된 보호자인 하나님을 만나는 것을 가장 많이 방해하는 곳이기도 하다.

목사의 역할이 하나님을 소개하고 하나님의 말씀을 전해 성도들이 하나님을 만나도록 돕는 것이지만, 목사 때문에 상처 받고 시험 들어서 하나님을 만날 기회를 잃어버리는 경우도 많기 때문이다. 이런 경우는 대부분 사람인 목사를 바라보며 의지하다가 생긴 일이다. 그렇기 때문에 어떤 경우에도 우리의 보호자는 하나님 한 분뿐이시며, 목사는 물론이고 어떤 사람도 절대로 우리의 보호자가 될 수 없다는 사실을 기억해야 한다.

실패한 한 영혼을 주목하시는 주님

그렇다면 우리의 참된 보호자 되시는 예수 그리스도께서는 어떤 분이신가? 누가복음 5장의 말씀을 보면, 우리의 보호자 되시는 예수님의 속성 한 가지를 발견할 수 있다.

누가복음 5장 1-11절의 배경은 갈릴리 바다라고도 불리는 게네사렛 호숫가이다. 지금 게네사렛 호숫가에 사람들이 어마어마하게 몰려들고 있다. 예수님을 보기 위해서이다. 왜 그렇게 예수님을 보려고 사람들이 몰려들고 있는가?

바로 앞부분인 누가복음 4장을 보면 그 이유가 나타나 있다. 누가복음 4장에서 예수님은 신적(神的) 능력을 가지고 사람들의 필요를 공급해주셨다. 귀신을 쫓아내시고 각종 병든 자들을 일으키셨다. 그 소문이 퍼지자 수많은 사람들이 예수님을 보기 위해 원근 각처에서 몰려든 것이다. 그들의 초점은 딱 하나, 바로 예수님이었다.

이 본문을 묵상하다가 개인적으로 참 감동적인 포인트를 하나 발견했다. 이렇게 수많은 사람들이 예수님에게 집중하고 있는데, 정작 예수님은 실패한 한 인생, 밤새도록 일했지만 고기 한 마리 잡지 못해 낭패감에 빠져 있던 한 어부 베드로에게 집중하고 계셨다는 것이다.

베드로는 지금 실패한 밤을 보내고 피곤한 몸과 낙심된 마음으로 하루를 정리하고 있었다. 그런데 예수님은 그 실패한 베드로의 배를 이용하셔서 수많은 군중에게 말씀을 전하는 도구로 사용하셨다. 이 부분을 묵상하는데 마음에 이런 감동이 밀려왔다.

'하나님께서는 실패한 사람도 쓰시는구나!'

세상은 만선(滿船)을 이룬 성공한 사람에게만 주목한다. 그리고 그들을 찾아가 도움을 청한다. 이것이 세상의 원리라면, 우리 주님은 실패한 사람의 배도 사용하신다. 이것이 내게 왜 그렇게 감동적으로 다가왔는가 하면, 바로 주님의 그 원리 때문에 나 역시 지금 쓰임 받고 있기 때문이다.

한 영혼을 외면하지 말라

몇 해 전 분당우리교회에서 2주 동안 진행된 특별새벽부흥회 때의 일이다. 하나님이 얼마나 큰 은혜를 부어주시는지 매일 새벽마다 수많은 성도들이 모여 부르짖는 놀라운 은혜가 있었다. 그처럼 새벽마다 하나님이 부어주시는 은혜는 정말 감사하고 놀라웠지만, 2주 동안 매일 말씀을 전하다 보니 몸에 무리가 왔다. 그래서 찬양을 담당하는 목회자와 상의하여 돌아오는 월요일에는 메시지는 간단히 전하고 대신 찬양예배를 드리기로 결정했다. 아무래도 주일에 하루 종일 말씀을 전하고 나면 월요일 새벽에 말씀을 전할 체력이 안 되었기 때문이다. 게다가 그런 상황에서 새로운 말씀을 준비하는 일은 나에게 너무나 버거운 일이었다.

그렇게 결정하고 나니 마음이 한결 가벼워졌다. 하루 쉰다는 안도감과 찬양을 통해 부어주실 새로운 은혜를 기대하며 주일 사역을 준비하고 있는데, 금요일쯤 교회 홈페이지에서 글 하나를 보게 되었다. '왕복표 예매 완료'라는 제목의 글이었다. 내용을 읽어 보니, 우리교회 성도가 창원에 사는 자기 여동생에 관한 이야기를 올린 글이었다.

그 당시 그 동생에게 이런 저런 어려운 일들이 겹쳐서 많이 힘든 상태였다. 그러다 보니 영적으로 많이 고갈되고 갈증을 느껴 우리 교회의 새벽예배에 참석하고 싶은 갈망을 갖게 되었다는 것이다. 그런데 이분이 매일 밤늦게까지 학생들을 가르치는 터라 시간을 내지 못하여 아쉬워하다가 마침 주일 저녁 늦은 시간부터 월요일 오전까지 시간이 딱 비어 월요일 새벽예배에 참석하기로 했다는 것이다. '이 특별새벽부흥회를 통해 반드시 하나님의 은혜를 받아야겠다'는 비장한 마음으로 차표를 예매했다는 것이다.

"매일 새벽 1시까지 영어를 가르치는 일과 고3 수험생의 엄마 역할을 하느라 바쁜 나날을 보내다 보니 뜨거운 예배를 향한 갈급함이 더욱 커져간다면서 마침 주일 밤부터 월요일 오전 사이에 시간이 생겨 그 은혜의 현장에 함께하기 위해 다음 주 월요일 분당에 오겠다고 하네요."

그 글을 읽자마자 이런 탄식(?)이 흘러나왔다.

"이, 내가 이 글을 안 봤어야 했는데!"

그 글을 읽는 순간 나의 뇌리를 스치는 하나님의 메시지가 있었기 때문이다.

"너 설교 준비해야 되겠다."

그 순간 나도 모르게 이런 불평이 나왔다.

'아니, 무리한 주일 사역 때문에 어렵게 하루 쉬기로 한 것인데, 어떻게 이런 일이 있지? 그리고 그 분은 왜 굳이 이 멀리까지 오신다는 거야? 하나님은 언제나 목사 편이 아니라 성도들 편이시란 말이야.'

하지만 그 불평이 말도 안 되는 불평이라는 사실은 누구보다 나 자신이 잘 알고 있었다. 은혜를 받기 위해 그 먼 길을 달려오겠다는 성도의 귀한 마음을 누구보다 잘 알고 있었고, 또 하나님께서는 특별새벽부흥회에 참석하는 수많은 영혼들도 귀히 여기시지만 그 한 사람의 갈급함을 외면하지 않는 분이란 것을 알고 있었기 때문이다. 그래서 창원에서 오는 그 한 사람을 위해 찬양예배로 진행하려던 계획을 다 바꾸었다. 주일 저녁, 손가락 하나 까딱하기 힘든 무거운 몸을 이끌고 설교 준비를 해야 한다는 생각에 앞이 캄캄했지만, 어쩌겠는가? 순종해야 하지 않겠는가?

그래서 내 마음이 바뀌기 전에 확정해야겠다는 생각으로 급히 찬양을 담당하는 후배 목사님을 불러 이렇게 말했다.

"그 분은 지금 힘든 상황에서 설교로 위로 받으려고 지방에서 올라오는데 찬양만 부르고 설교가 없으면 얼마나 실망이 되겠는가? 그 한 사람을 위해서라도 하기로 했던 특별 찬양예배 말고 평상시와 똑같이 진행하자!"

그렇게 부랴부랴 다시 설교를 준비해서 평상시와 똑같은 월요일 새벽예배를 드렸다. 그랬는데 그날 그 새벽에 놀라운 일이 일어났다. 큰 은혜가 임한 것이다. 삶이 너무 힘들어서, 예배의 자리에 가지 않고는 가슴이 터질 것 같아서 밤차 타고 올라와 새벽예배 한 번 드리고 그날로 다시 내려갈 수밖에 없는 그 마음 상한 한 영혼을 하나님이 얼마나 배려해주셨는지, 은혜가 갑절로 임했다. 그리고 그 은혜를 그날 참석한 모두가 함께 누렸다. 수많은 성도들이 눈물을 흘리며 감격의 예배를 드렸다.

무엇보다도 예배를 인도하던 나에게 말할 수 없는 벅찬 감격이 찾아왔다. 그야말로, 한 영혼을 소중히 여기시는 하나님의 마음을 헤아

려드리고 순종할 때 사역자로서의 기쁨이 회복된다는 사실을 절감했다.

그 일을 겪으면서 나는 새삼스럽게 우리 교회를 향해 주시는 하나님의 경고의 메시지를 들었다. 교회의 규모가 커지고 많은 사람들이 몰려들고 있는 가운데서도 낙심하고 상심한 한 영혼을 소중히 여기고 그를 외면치 말라는 메시지이다. 주님은 주님 자신이 실패한 한 영혼에게 집중하셨던 것처럼 우리 역시 마음 상한 한 영혼을 외면치 않기를 바라시는 것이다.

두려움의 대상이 달라진다

실패한 밤을 보내고 낙심했던 한 영혼, 베드로가 예수님을 만난 다음 어떻게 되었는가? 성경을 보면 베드로가 주님과 동행하는 삶을 살기 시작한 이후에 그 인생에 일어난 변화가 몇 가지 있었음을 알 수 있다. 그 변화의 모습을 세 가지로 정리해보자.

첫째, 베드로는 주님을 만난 이후에 두려워하는 대상이 달라졌다. 예수님을 만나기 전의 베드로는 실패에 대한 두려움을 가지고 있었다. 그에게 현실은 두려움이었다. 고기를 잡아서 생계를 연명해야 하는데, 실패하면 무얼 먹고 살아야 하며 가족들을 어떻게 부양해야 할 것인지에 대한 고민이 그에게 끊임없는 두려움이 되었다. 그런 그가 예수 그리스도를 만나자 두려움의 대상이 달라졌다. 창조주 되시는 하나님을 두려워하기 시작한 것이다.

밤새 그물을 던졌으나 물고기 한 마리 잡지 못하고 실패한 베드로에게 예수님이 다가가셔서 "깊은 데로 가서 그물을 내려라"고 말씀하셨다. 낮아진 마음과 겸손한 마음으로 그 말씀에 순종한 베드로는 만선의 기쁨을 누렸다. 그 놀라운 성공 앞에 베드로는 뭐라고 말하는가?

시몬 베드로가 이를 보고 예수의 무릎 아래에 엎드려 이르되 주여 나를 떠나소서 나는 죄인이로소이다 하니 눅 5:8

베드로의 이 고백을 통해 그의 영안이 열렸음을 알 수 있다. 육(肉)의 눈으로는 이 상황에서 어떻게 말해야 정상인가?

"와, 예수님! 이런 놀라운 재주가 있으시다니, 저와 동업합시다! 그물질은 제가 전문이니 예수님은 어디에 그물을 내리면 되는지 말씀만 해주세요. 그러면 우리는 대박이 날 것입니다!"

그러나 베드로는 예수님에게 사업 제안을 하는 대신 그 무릎 아래 엎드려 자신을 떠나달라고 고백했다. 베드로가 왜 이런 행동을 했는지 이어지는 예수님의 말씀에 분명히 나타난다.

예수께서 시몬에게 이르시되 무서워하지 말라 눅 5:10

베드로가 예수님을 두려워하기 시작한 것이다. 놀라운 예수님의 신적 능력 앞에 무릎을 꿇게 된 것이다.

경외가 사라진 교회

참으로 가슴 아픈 것은 오늘날 교회 안에 이런 신적인 능력이 나타나 하나님의 존재가 현현(顯現)됨으로 인한 두려움이 일어나지 않는다는 것이다. 최근에 가슴을 치며 읽은 책이 있는데, A. W. 토저의 《예배인가, 쇼인가》이다. 토저는 그 책에서 이런 말을 했다.

"많은 교회가 기독교의 진리에 물을 타버렸다. 그리하여 그것이 독이라 할지라도 그 누구도 죽일 수 없고, 그것이 약이라 할지라도 그 누구도 고칠 수 없을 정도로 묽어져버렸다."

한국 교회의 타락을 얼마나 현실적이고 정확하게 지적했는지, 그 글을 읽으며 가슴이 찢어지는 것 같았다. 나는 참회하는 마음으로 이 내용을 트위터에 올리면서 "최근에 읽은 글 중에서 가장 가슴 아픈 글"이라는 댓글을 함께 달아놓았다.

그런데 토저의 말에 가슴이 아팠지만 아이러니하게도 나는 그 말에서 희망을 찾았다. 무슨 희망인가? 오늘날 변질된 것은 교회이지 하나님이 아니라는 것이다. 오늘날 능력이 사라져버린 것은 교회이지 하나님이 아니다. 오늘날 진리가 변질된 것이 아니라 그 진리에 물을 탄 교회들이 문제인 것이다.

이것은 바꿔 말하면, 타락한 교회가 정신 차리고 진리에 탄 물을 다 걷어내고 오직 진리 되신 예수 그리스도만 드러낸다면 다시 이런 놀라운 역사가 가능하다는 것이다. 교회가 타락하고 목사가 타락하여 신적인 능력과 신적인 두려움이 사라진 혼란스러운 교회이지만, 여전히 진리 되신 예수 그리스도께서 계시기에 회복의 소망이 있다는 것이다.

우리가 하나님을 두려워하게 되면 세상을 두려워하지 않게 된다. 우리가 하나님을 두려워한다면 세상에서 겪는 실수와 실패, 나를 해하려고 덤벼드는 악한 원수들을 두려워하지 않는 담력이 생긴다. 세상을 두려워하느냐, 하나님을 두려워하느냐 둘 중의 하나이다. 당신은 누구를 두려워하는가? 당신이 두려워하는 것이 눈에 보이는 세상 것이라면 당신은 하나님을 두려워하지 않는 사람이다. 하나님을 두려워하는 사람이라면 세상의 그 어떤 것도 두렵지 않다.

우리가 하나님 앞에 부끄러움이 없고 그 내면세계가 온전하다면 세상 앞에 겁날 것이 없다. 오늘날 그리스도인이 이렇게 비굴해져 있는 것, 바로 이것이 타락의 결과이다. 그러니 두려움의 대상이 바뀌기를 바란다. 눈만 뜨면 세상에 대한 두려움으로 안달복달하는 삶에서 이제 그 두려움의 대상이 옮겨져 하나님을 두려워하는 인생이 되기를 바란다.

두려움의 노예에서 하나님의 자녀로

몇 해 전, 우리나라 초대 문화부장관을 지낸 이어령 씨의 회심(回心)이 화제가 된 적이 있다. 이 시대의 대표적인 지성인이자 대표적인 무신론자이기도 했던 그가 아이러니하게도 2007년 우리나라 단기선교팀의 아프가니스탄 피랍 사건으로 한국 교회가 한반도 전체에서 몰매를 맞고 있을 때 예수님을 영접하고 세례를 받으셨다. 그리고 그 사실을 대중에게 공개적으로 알리고 자신의 회심기를 담은 책을 출간하기도 했다.

이어령 씨가 예수님을 영접하게 된 데에는 그 분의 딸 이민아 목사의 역할이 컸다. 그녀에게 두려움의 대상이 바뀌는 사건이 일어난 것이다. 유명한 아버지를 둔 가정의 아이들은 대부분 불행하다. 이어령 씨의 딸도 그랬다. 초등학교 때부터 신학기가 되면 담임선생님이 들어와서 "이어령 씨 딸이 누구냐? 우리 반에 왔다던데, 손 들어봐라"라고 묻기 일쑤였다고 한다. 그것이 그 어린아이에게는 너무나 큰 부담이자 두려움이었다고 한다.

'이어령의 딸인 나는 모범적이어야 한다. 나는 공부 잘해야 한다. 나는 아버지 얼굴에 먹칠하면 안 된다.'

이런 강박관념 때문에 마음 편할 날이 없었다고 한다. 게다가 아버지가 너무 바쁜 탓에 아이는 늘 아버지의 사랑에 목말랐다. 아버지에게 다가가기라도 하면 "저리 가라. 아빠 지금 피곤하다"라고 아이를 물리치기 일쑤였다고 한다.

이 부분을 읽으면서 '이 장면 어디서 많이 보던 건데' 하는 마음에 우리 아이들에게 미안했다. 나도 아이들에게 자주 하는 말이기 때문이다. "미안한데 아빠가 지금 설교 준비 때문에 몹시 바쁘단다. 너도 알잖아? 네가 이해해줘야지. 문 닫고 나가서 놀아라" 하며 아이들을 내보내기 일쑤였기 때문이다.

그런 아버지의 외면이 아이에게 상처가 되었다. 어릴 때부터 인생의 무게가 짓누르는데 도움을 구하는 부모님은 자신을 외면하니, 이 것이 두려움과 공포가 된 것이다. 밤만 되면 두려움이 밀려와 새벽 한 두 시만 되면 실체를 알 수 없는 어떤 존재에 의해 가위에 눌렸는데, "아버지, 나 좀 도와주세요. 엄마, 나 좀 도와주세요"라는 말이 마음에 서는 맴도는데 입에서는 떨어지지 않았다고 한다. 그래서 그 두려움에 불을 끄고는 잠을 잘 수 없게 되었다. 그러던 것이 언제부터인가 불면증으로 변해 잠을 이룰 수 없게 된 것이다.

그러던 어느 날 불면증으로 잠을 이루지 못하던 어린아이 눈에 양주가 수북이 쌓여 있는 것이 들어왔다. 그래서 몰래 위스키 한 잔을 마셔보았더니 신기하게도 그날 밤 잠을 잘 잤다. 그때부터 그 아이는 잠이 안 오면 부모 몰래 위스키를 꺼내 마셨다고 한다. 얼마나 기가 막힌 일인가? 그렇게 그 아이는 두려움의 노예로 커갔다.

지성인의 딸답게 그녀 역시 뛰어난 지성인이었다. 국내에서 명문대를 졸업하고 미국으로 이민을 간 그녀는 그곳에서 검사로 변호사로 성공대로를 달렸다. 그러나 그 삶은 별로 행복하지 않았다. 이혼과 암 선고, 자녀의 죽음과 실명 위기 등으로 절망 속에 헤매고 있을 때, 예수님이 실패한 베드로에게 찾아가신 것처럼 그녀의 삶에도 찾아가셨다.

부인할 수 없는 하나님의 개입하심을 경험한 후 그녀는 베드로와 마찬가지로 두려움의 대상이 달라졌다. 세상 지식으로 부러울 것 없었던 사람이 하나님 앞에 완전히 녹아내려져 목사 안수까지 받았다. 그러면서 에베소서 5장 18절의 "술 취하지 말라 이는 방탕한 것이니 오직 성령으로 충만함을 받으라"라는 말씀을 인용하여 이렇게 간증했다.

"제가 성령충만해진 이후 술을 마시지 않아도 두려움 없이 잠을 이룰 수 있게 되었어요. 그것을 보면서 술 취하는 것과 성령충만한 것이 비슷한 이치라는 것을 깨달았어요."

지금 당신은 현실의 어떤 어려움으로 두려워하고 있는가? 어떤 염려로 잠 못 이루고 있는가? 발밑에서 차이는 돌부리 때문에 미래가 염려되어 불안한가? 그 두려움의 대상이 바뀌는 은혜가 있기 바란다. 창조주 되시는 하나님을 두려워하게 될 때 세상의 두려움으로부터 자유하게 될 것이다.

절대자에 대한 호칭이 바뀐다

둘째, 베드로는 예수님을 만난 다음 절대자에 대한 호칭이 달라졌다. 누가복음 5장 5절에서 베드로는 예수님에게 '선생님'이라고 호칭했다. 그런데 은혜를 경험하고 난 뒤인 8절에서는 '선생님'이라는 호칭이 '주여, 주님'으로 바뀐다.

자료를 보면, 당시 호칭의 변화는 영역의 변화를 나타낸다고 한다. 예수님을 '선생님'이라고 부르는 수많은 사람들 가운데서 개인적인 친밀함을 경험한 사람들이 부르는 호칭이 '주님'이었다. 결국 호칭의 변화는 '친밀감'의 문제인 것이다.

이 부분을 묵상하면서 창세기 1장이 떠올랐다. 우리나라 성경에는 하나님에 대한 호칭이 그냥 '하나님'으로 통칭되지만, 원어성경의 창세기 1장을 보면 하나님의 호칭이 '엘로힘'으로 되어 있다. '엘로힘'은 하나님의 능력을 강조할 때 사용하는 하나님의 이름이다. 창세기 1장에서 천지를 창조하신 하나님, 어두움에서 빛을 만드신 것처럼 무(無)에서 유(有)를 창조하신 하나님의 속성을 강조하기 위해 '엘로힘'이라는 이름을 사용한 것이다.

그런데 창세기 2장에서는 하나님의 호칭이 달라진다. '엘로힘'에서 '여호와'로 바뀐 것이다. 창세기 2장은 1장의 보편적인 창조 기사 중에서 특별히 인간 창조 부분을 클로즈업하여 강조한 부분이다. 왜 같은 창조 사역을 다룬 기사인데 보편적인 천지창조를 다룬 부분에서는 '엘로힘'이라고 하고 인간 창조를 다룬 부분에서는 '여호와'로 그 호칭이 바뀌었는가? '여호와'라는 호칭은 하나님과 그 백성과의 관계성을 강조하는 호칭이기 때문이다.

이 부분을 묵상하면서 나는 큰 진리 하나를 깨달았다. 인생은 두 종류라는 것이다. 한 종류는 창조주가 그 인생의 '엘로힘'인 사람이고, 또 다른 한 종류는 창조주가 나와 관계를 맺는 '여호와' 하나님인 사람이다.

창조주가 '엘로힘'인 사람은 신(神)의 존재가 그저 멀리 있는 존재에 불과하다. 그리고 신의 존재가 두렵다. 잘못하면 당장 죽을 것 같고, 나쁜 일이 생길 것 같다. 얼마나 두려우면 이사 날짜 하나, 결혼식 날짜 하나 제 맘대로 못 정하고 길일을 찾겠는가 말이다. 그러나 하나님과 친밀한 관계를 맺은 사람은 하나님이 더 이상 두려움의 대상이 아니라 나와 관계를 맺는 '여호와' 하나님이시다.

아직도 하나님이 두려움의 대상 '엘로힘'으로만 남아 있는 사람이 있는가? 그렇다면 성령님의 감동과 은혜로 절대자 하나님이 더 이상 두려움의 대상이 아닌 나와 친밀한 관계를 맺는 '여호와 하나님'으로 다가오는 은혜가 있기를 바란다.

내게 부족함이 없도다

시편 23편에 이런 고백이 기록되어 있다.

> 여호와는 나의 목자시니 내게 부족함이 없으리로다 시 23:1

이것은 다윗의 고백이다. 다윗은 파란만장한 삶을 살았다. 이 고백에서처럼 부족함이 없는 삶이 아니라 부족함투성이의 인생이었다고 해도 과언이 아니다. 자신을 죽이기 위해 죽을힘을 다해 쫓아다니던 사울 왕을 피해 이곳저곳 도망 다녀야 했던 피곤하고 고통스러운 인생이었다. 그런데도 다윗은 '부족함이 없다'라고 고백한다.

원어로 보면 '부족함이 없다'고 할 때의 '부족'이라는 단어는 '하세르'인데, 이 단어의 기본적인 의미는 '부족 혹은 부족한 상태'이다. 그리고 그 파생 의미로는 '욕구 혹은 원하는 것'이라는 뜻이 있다. 이것을 종합해볼 때 "여호와는 나의 목자시니 내게 부족함이 없으리로다"라는 다윗의 고백은 이런 뜻으로 해석된다.

"여호와가 나의 목자, 다시 말해 절대자가 엘로힘이 아닌 나와 관계를 맺는 여호와로 다가올 때 내가 험악한 세월을 살고 어려운 삶을 살지라도 내게는 욕구불만이 없습니다."

대궐에서 풍족하게 누리며 호의호식(好衣好食)해서 부족함이 없다는 것이 아니다.

그러고 보면 시편 23편을 원어로 보면 '나'를 나타내는 대명사가 16번이나 나오고, '주님'을 나타내는 대명사도 5번 나온다. 이 짧은 시를 통해 '나'와 절대자 되시는 '하나님'과의 밀접한 관계성을 극명하게 드러내고 있는 것이다.

우리가 대궐 같은 집에 살아야 욕구불만이 사라지는 것이 아니다. 내가 절대자 하나님을 친밀한 아버지로 부를 수 있을 때, 그분을 여호와로 부를 수 있을 때에 비록 원수에게 쫓기고 사면초가의 고통 가운데 있을지라도 "내게는 욕구불만이 없습니다"라고 고백할 수 있는 담력이 생기는 것이다. 그 만족의 상태, 부족함이 없는 상태가 우리 모두에게 있기 바란다.

삶 의　해 석 이　달 라 진 다

마지막 셋째로, 베드로는 예수님을 만나고 나서 삶의 해석이 달라졌다. 이것이 무슨 말인가? 베드로가 주님을 만나기 직전까지만 해도 어젯밤 밤새도록 고기 한 마리 잡을 수 없었던 사건은 피하고 싶었던 고통이요, 실패였다. 그런데 주님을 만나고 나자 어젯밤에 고기 한 마리 잡을 수 없었던 그 사건이 주님을 만나기 위해 변장하고 찾아온 축복의 통로가 되었다. 밤새 고기 한 마리 잡을 수 없었던 그 실패를 통해 그는 예수 그리스도를 만나 평생을 동행하는 축복을 누리게 된 것이다.

인생은 해석이 중요하다. 그래서 나는 평소에 '인생은 해석이다'라는 독백을 자주 되뇌곤 한다. 내게 주어진 삶을 어떻게 해석하느냐, 그 해석하는 힘이 바로 인생이다. 옛날 어른들이 눈물로 부르던 찬양이 많다. 어릴 때 부모님을 따라 새벽예배에 가보면 구슬픈 찬양이 많았다. 그중에 내가 간혹 따라 부르던 찬양이 있었는데 〈고요한 바다로〉(새찬송가 373장)이다. 1절 가사가 이렇다.

고요한 바다로 저 천국 향할 때
주 내게 순풍 주시니 참 감사합니다.

이것은 절규이다. 보릿고개를 넘으며 먹을 것은 없는데 7,8명씩 되는 자녀들은 배고프다고 울고, 학비 달라고 운다. 그런 상황에서 마음은 찢어지는데 "내게 순풍 주시니 감사합니다"라고 찬양하며 눈물짓는다. 그 눈물 안에는 주님이 정말로 순풍 주시기를 간절히 바라는 소망이 담겨 있다. 그러나 주님은 2절의 가사로 우리를 떠다미신다.

큰 물결 일어나 나 쉬지 못하나
이 풍랑으로 인하여 더 빨리 갑니다.

나는 이 찬양의 2절을 부르면서 어머니들 눈에 눈물이 촉촉이 맺혀 있는 것을 여러 번 목격했다. 인생은 해석이다. 지금 참기 힘든 어려움 가운데 처해 있지만, 풍랑이 가정을 엄습하고 좌절이 내 인생을 뒤덮고 있지만 하나님의 은혜로 그 인생이 어떻게 해석되는가? 그 풍랑으로 인해 더 빨리 간다는 것이다.

인생에 대한 해석이 달라질 때 우리의 삶이 바뀐다. 고통스러운 실패의 경험이었던 인생이 주님을 만나 그 해석이 달라질 때 최고의 은혜를 위한 통로가 된다. 우리 모두 우리 인생의 목자이자 보호자 되시는 주님을 만남으로 인생에 대한 해석이 달라지는 놀라운 은혜가 있기를 간절히 바란다.

주님과 관계없는 인생이 탕자이다

탕자의 비유에 나오는 탕자는 아버지의 재산을 허랑방탕하게 다 소진했기 때문에 탕자가 아니다. 보호자 되신 아버지의 영역을 벗어났기 때문에, 아버지와의 친밀한 관계를 끊어버렸기 때문에 탕자이다. 만약 그가 아버지의 재산으로 주식투자를 하거나 사업을 해서 대박을 터뜨렸어도 그는 여전히 탕자이다.

아버지의 영역 안에 있지 못하고, 아버지의 보호를 받을 수 없는 인생은 탕자의 삶이 그랬던 것처럼 허무하고 허망하고 두려움으로 가득할 수밖에 없다. 오늘날 교회 안에는 두 종류의 탕자가 있다. 하나님을 떠나 하나님과 무관하게 살았던 둘째 아들과 같은 탕자가 있고, 더 많은 경우 교회를 떠난 적은 없지만 한 영혼을 불쌍히 여기시는 아버지의 심정을 잃어버린 큰 아들과 같은 탕자가 있다.

주님의 은혜로 이 모든 탕자들이 주께 돌아오는 은혜가 있기 바란다. 진정한 보호자 되시는 하나님의 영역 안으로 돌아오기 바란다. 그리고 실패한 한 영혼에 집중하시며 그의 보호자 되어주시는 아버지의 마음으로 상한 마음을 가진 한 영혼에게 따뜻한 손을 내밀어줄 수 있는 우리 모두가 되기 바란다.

예수께서 여리고로 들어가 지나가시더라 삭개오라 이름하는 자가 있으니 세리장이요 또한 부자라 그가 예수께서 어떠한 사람인가 하여 보고자 하되 키가 작고 사람이 많아 할 수 없어 앞으로 달려가서 보기 위하여 돌무화과나무에 올라가니 이는 예수께서 그리로 지나가시게 됨이러라 예수께서 그 곳에 이르사 쳐다보시고 이르시되 삭개오야 속히 내려오라 내가 오늘 네 집에 유하여야 하겠다 하시니 급히 내려와 즐거워하며 영접하거늘 눅 19:1-6

CHAPTER 3

하나님의 사랑의 터치가 변화의 시작이다

사랑의 터치의 위력

미국의 마이애미 의과대학 교수이자 '터치연구소' 소장으로 있는 티파니 필드(Tiffany Field)가 《Touch》라는 책을 썼다. 그 책은 사랑의 터치가 사람에게 미치는 영향력이 얼마나 큰지를 증명하기 위해 과학적으로 실험한 내용의 연구 보고서 같은 책이다.

저자는 구체적인 임상실험을 통해 터치의 위력을 증명하는데, 사랑의 터치는 아이들의 공격성과 폭력성을 낮추는 힘이 있고, 스트레스 호르몬을 낮추는 능력이 있다고 한다. 그런가 하면 사랑의 터치가 뇌의 기민함을 높여주고 또 말보다 열 배나 강력한 위로의 힘을 가지고 있다고 한다. 한마디로 말해 사랑의 터치야말로 세상에서 가장 좋은 보약이라는 것이다. 그러면서 다음과 같은 예를 들었다.

제2차 세계대전 이후, 전쟁 통에 발생한 수많은 전쟁고아들을 위해 국제사회에서 기금을 조성해 많은 고아원을 짓고 그곳에서 생활하는 아이들이 먹고, 입고, 생활하는 데 전혀 불편함이 없도록 많은 재정을 들여 시설을 확충하고 풍부하게 지원했다. 그렇게 아이들이 잘 자라도록 많은 투자와 배려를 해주었는데도 이상하게 고아원에서 자라는 아이들의 건강이 좋지 않았다. 사소한 질병에 걸렸을 뿐인데도 죽는 일이 많았다.

그래서 이것이 어떻게 된 일인지 의학자들이 연구하다가 깜짝 놀랄 만한 원인을 발견했다. 고아원에서 자라는 아이들이 건강하게 자라지 못하는 이유 중 하나가 터치 부족이라는 것이다. 일반 가정에서 자라는 아이와 다르게 고아원에서는 부모나 가족으로부터 사랑의 터치를 받지 못하는데, 그것이 아이들의 면역력을 떨어뜨려 사소한 질병에도 목숨을 잃게 만드는 원인이 된다는 것이다.

그런가 하면 또 이런 실험을 했다고 한다. 갓난아기들을 두 그룹으로 나누어 아기가 울 때마다 달래주되 한 그룹에서는 말로만 달래고 안아주지 않았다. 반대로 다른 한 그룹에서는 아기가 울 때 말은 한마디도 하지 않고 그냥 안아주기만 했다. 그랬더니 참 흥미로운 결과가 나왔다. 두 그룹 중에서 말로만 달래주고 안아주지 않은 쪽보다 아기를 안아주기만 하고 말은 한마디도 안 한 쪽의 아기들이 훨씬 더 빨리 울음을 그치더라는 것이다.

이것이 무엇을 의미하는가? 말로 하는 위로보다 따뜻하게 안아주는 사랑의 터치가 훨씬 더 능력이 있다는 것이다.

사랑의 터치가 부족한 각박한 세상

사랑의 터치가 이토록 중요한데, 오늘 이 땅을 살아가는 우리 현대인들은 과연 이 사랑의 터치를 충분히 경험하며 살아가고 있는가? 지금 이 땅에서 일어나고 있는 수많은 가슴 아픈 사건들, 비극적인 사고들이 어쩌면 사랑의 터치를 제대로 받지 못해서 일어나는 것은 아닌가? 이런 생각을 하다 보니 이런 기도가 절로 나왔다.

"하나님, 이 각박한 세상을 살아가는 많은 분들이 교회에 나옵니다. 그들이 교회에서 다른 어떤 것보다 하나님의 사랑의 터치를 경험하게 해주옵소서. 나의 언변과 설득력으로는 그들이 온전히 하나님을 알 수 없습니다. 아직 하나님을 제대로 알지 못해 허기지고 목마른 내면의 공허함이 하나님의 사랑으로 충만히 채워지도록, 주님의 사랑의 터치를 경험하도록 은혜 베풀어주옵소서!"

이런 마음의 소원을 가지고 성경을 묵상하다 보니 한 인물이 내 눈에 들어왔다. 바로 삭개오이다. 그는 비교적 부유하고 성공적인 삶을 살았지만, 내면은 많은 상처로 얼룩져 있었으며 고립된 삶을 살아왔다. 그런 그가 예수님의 사랑의 터치를 경험하고 인생이 송두리째 바뀌는 경험을 하게 되었다.

그가 어떻게 예수님의 사랑의 터치를 경험하게 되었는지, 그것이 그의 인생을 어떻게 변화시켰는지 좀 더 자세히 살펴보자.

세 리 장 이 요   또 한   부 자 라

성경은 삭개오의 인생을 딱 두 단어로 조명한다. 그런데 그 두 단어가 그의 삶을 정말 정확하고 탁월하게 조명했다.

> 예수께서 여리고로 들어가 지나가시더라 삭개오라 이름하는 자가 있으니 세리장이요 또한 부자라 눅 19:1,2

성경은 삭개오를 "세리장이요 또한 부자라"라는 두 마디로 규정한다. 이 두 마디 안에 삭개오의 인생이 함축되어 있는데, 특별히 삭개오의 두 모습을 같이 조명하고 있다.

성공자 삭개오

하나는 외적으로 보이는 그의 모습이다. 그는 겉으로 보기에는 꽤나 성공한 사람이다. 세상 말로 성공의 조건이라 하는 재물과 지위를 다 갖추고 있던 인물이었다. 그 당시 이스라엘이 로마의 식민지로 있을 때, 로마제국은 세무 공무원을 앞세워 식민지 백성들의 세금을 착복했다. 일제강점기 때 일본이 우리나라에 그렇게 했던 것처럼 말이다.

그런데 그때 로마제국 편에 서서 부당한 방법으로 종족에게 혈세를 착취하고 착복했던 자들이 바로 세리였다. 한술 더 떠서 그들은 로마 정부에 바치는 것보다 더 많은 세금을 거두어 자기 배를 채우기 바빴다. 삭개오는 그런 세리들 중에서도 세리장이었다. 당시 삭개오가 살던 여리고는 무역의 중심지로 부촌으로 알려져 있었다. 그런 곳에서 세금을 착취했으니 그가 얼마나 많은 부(富)를 축적했겠는가?

그런 부와 지위를 가지고 있었으니 주변 사람들은 그에게 굽실거리기 바빴을 것이다. 뇌물을 주든, 아부를 하든 어떻게 해서라도 그에게 잘 보여 세금을 조금이라도 더 감면받으려는 사람들이 줄을 서 있었을 테니 말이다. 그러니 겉으로 보기에 삭개오는 권력 있지, 돈 많지 세상에서 말하는 성공의 조건을 다 갖추고 있었다.

왕따 삭개오

그러나 이런 겉모습과는 달리 삭개오의 내면세계에는 엄청난 목마름이 있었다. 사람들이 자기에게 굽실거리는 것이 진심에서 우러나오는 것이 아니란 사실을 그는 누구보다 잘 알고 있었다. 겉으로 보이는 공손한 태도와 달리 실제로는 자기를 싫어하고, 그것을 넘어 증오하고 있다는 것을 그가 모를 리 없었다. 그리고 이런 그의 느낌은 정확했다.

누가복음 19장 7절에 예수님이 삭개오의 집에 유하여야겠다고 하시며 그의 집으로 향하실 때 주변 사람들의 반응이 기록되어 있다.

> 뭇 사람이 보고 수군거려 이르되 저가 죄인의 집에 유하러 들어갔
> 도다 하더라 눅 19:7

사람들이 이와 같은 반응을 보이며 예수님을 비난했던 적이 또 있다. 바로 예수님이 창녀들을 상대하시며 "내가 그들을 위하여 이 땅에 왔다"고 하셨을 때이다. 그때도 바리새인들과 서기관들은 격분하여 어떻게 저런 죄인을 상대할 수 있느냐고 예수님을 비난했다. 그런데 지금 예수님이 삭개오의 집에 머문다고 하니 바리새인들과 서기관들뿐 아니라 모든 사람들이 다 수군거리고 있다. 이런 대우를 받던 사람이 삭개오였다.

이처럼 성경에서 삭개오를 묘사하고 있는 그 짧은 두 마디 "세리장이요 또한 부자라"라는 말 속에는 겉으로 드러나 보이는 삭개오의 화려한 모습과 동시에 그가 가지고 있던 내면의 깊은 갈등이 다 함축되어 있는 것이다.

삭개오의 변화에서 돌파구를 발견하라

이것을 가만히 묵상하고 있자니, 바로 이런 삭개오의 모습이 오늘날 우리 현대인들의 자화상이라는 생각이 들었다. 요즘처럼 화려한 세상이 어디 있는가? 요즘처럼 누릴 것 다 누리며 사는 시대가 또 언제 있었는가?

그런데 내면은 어느 때보다 더 허전하다. 이유는 잘 모르겠지만, 마

음 한구석에 어떤 것으로도 채워지지 않는 공허함이 자리하고 있다.

그렇다면 우리는 삭개오의 모습에서 해결책을 찾아야 한다. 왜냐하면 삭개오는 예수 그리스도를 만남으로써 그 내면의 문제가 해결되었기 때문이다. 삭개오가 예수님을 통해 그의 깊은 내면의 공허함과 상처를 해결할 수 있었다면 오늘날 우리 역시 우리 내면의 깊은 공허함의 해결책을 그를 통해 찾을 수 있을 것이기 때문이다. 이런 차원에서 삭개오에 대해 더 자세히 살펴보도록 하자.

삭개오는 예수님을 만나고 어떤 변화를 경험했는가? 어떤 변화를 경험했기에 그의 오랜 내면의 상처와 문제를 해결할 수 있었는가? 그의 변화를 세 가지로 요약해보았다.

변화 1. 문제의 근원을 보는 눈을 뜨다

첫째, 삭개오는 예수님을 만난 후에 자신의 근본적인 문제를 정확하게 파악하는 눈을 갖게 되었다.

예수님과의 터치가 이루어지자마자 그가 어떤 조치를 취했는가? 성경은 이렇게 기록한다.

> 삭개오가 서서 주께 여짜오되 주여 보시옵소서 내 소유의 절반을 가난한 자들에게 주겠사오며 만일 누구의 것을 속여 빼앗은 일이 있으면 네 갑절이나 갚겠나이다 눅 19:8

그는 왜 이런 파격적인 조치를 취했을까? 그동안 어렴풋이만 알고 있던 자기 내면에 존재하는 허전함의 근본 원인을 예수님의 따뜻한 사랑의 터치를 경험하고 나자 명확히 알게 되었기 때문이다.

'아, 내 인생의 목마름이 여기서 기인하는 것이었구나. 내가 물질에 집착하고 탐닉하다 보니 사랑의 터치를 놓치고 있었구나!'

예수님과의 만남에서 이루어진 사랑의 터치가 얼마나 황홀했는지 삭개오는 이 같은 문제의 근본 원인을 발견하게 된 것이다.

한번 상상해보라. 삭개오의 내면에 얼마나 많은 상처와 분노가 있었겠는가? 부당하게 세금을 거둬들이는 삭개오 때문에 주변 사람들도 상처 받았겠지만 거꾸로 자기를 벌레보다 못한 존재로 취급하는 주변 사람들 때문에 삭개오도 많은 상처를 받았을 것이다.

죄성을 가진 인간은 자기의 잘못은 별로 생각하지 못한다. 그저 결과만 볼 뿐이다. 오늘날에도 교회에 보면 상처 받은 사람은 정말 많은데, 정작 남에게 상처 준 사람은 한 명도 없다. 사람은 누구나 자기 위주일 수밖에 없기 때문이다. 삭개오 역시 자기가 그렇게 물질을 탐하고 남의 재물을 착취한 잘못은 생각하지 않고 그 내면에는 이런 분노가 쌓여 있었을 것이다.

'저것들은 왜 내 앞에서는 굽실거리면서 뒤에서는 나를 사람 취급도 하지 않는 거야?'

어쩌면 그가 그렇게 돈을 착취하게 된 데에는 이런 마음의 분노도 하나의 원인이지 않았을까 하는 생각도 해보았다. 어쨌든 이렇게 분노와 상처로 가득했던 삭개오가 예수님을 만나고 나서 문제의 근본 원인을 정확하게 깨닫게 되었다. 바로 자기 자신에게서 모든 문제가 기인되었다는 사실을 알게 된 것이다.

'나 때문'이라는 자각

구약에 보면 이사야 선지자가 나온다. 그가 이사야서 6장에서 강력한 하나님의 임재를 경험한다. 가슴이 터질 것 같은 영적인 터치를 경험하는데, 그가 하나님의 터치를 경험하자마자 가장 먼저 깨달은 것이 무엇인가?

> 그때에 내가 말하되 화로다 나여 망하게 되었도다 나는 입술이 부정한 사람이요 사 6:5

이사야 선지자는 하나님의 임재를 경험한 바로 그 순간에 "화로다 나여 망하게 되었도다 나는 입술이 부정한 사람이요"라고 고백하며 자신의 존재를 자각하고 한탄했다.

많은 성도들이 예배를 통해 회복을 경험하기를 바란다. 가정이 회복되고, 관계가 회복되고, 내면이 회복되기를 바라며 열심히 기도한다. 그런데 가정과 관계 안에서 겪고 있는 문제의 원인은 무엇인가? 바로 나 자신 때문은 아닌가? 많은 사람들이 문제의 원인이 바로 자기 자신에게 있다는 사실을 깨닫지 못하고 인정하지 않는다. 자신은 문제가 없는 사람이라고 말한다. 다 아내 잘못 만나고, 남편 잘못 만나서 문제가 생겼다고 주장한다.

그러나 예배를 통해 예수님의 터치를 경험하고 상한 마음을 어루만져주시는 주님의 은혜를 경험하면, 문제의 근본적인 원인이 상대방이 아니라 자기 자신에게 있었다는 사실을 자각하게 된다. 이사야 선지자처럼 "화로다 나여 망하게 되었도다 나는 입술이 부정한 사람이요"라는 자신의 존재를 자각하게 되는 것이다. 우리 모두 예배를 통해, 그리고 예수님과의 만남을 통해 이런 자각이 있어야 한다. 그때 비로소 진정한 회복을 누릴 수 있다.

회복은 문제의 근원을 보는 데서 시작된다

분당우리교회에서도 정말 많은 가정들이 깨어질 위기 앞에서 예배를 통해 예수님을 만나고 회복을 경험한다. 심지어 어떤 가정은 이혼서류에 도장까지 다 찍고 마지막으로 예배 한 번 드리겠다고 교회에 나왔다가 예수님의 터치를 경험하고 자신의 문제를 자각하게 되는 놀라운 은혜를 경험하기도 했다. 실제로 그런 일이 있었다.

그 가정은 남편의 외도로 이혼을 하게 되었는데, 남편의 전도로 교회에 다녔던 아내가 '이제 더 이상 교회에 나갈 이유가 없다'고 생각하면서도 '마지막으로 딱 한 번만 더 교회에 나가서 하나님께 작별 인사나 드리자'고 생각하고 예배에 참석했다가 강렬한 하나님의 임재를 체험했다. 아내는 그 자리에서 고꾸라지면서 이사야 선지자가 경험했던 것처럼 자신의 모습을 보게 되었다.

'내가 문제였구나. 나만 상처 받고 나만 피해자인 줄 알았는데, 나도 아내로서 남편을 제대로 섬기지 못했구나!'

아내는 예배가 끝나자마자 남편을 찾아갔다. 내일 법원에 이혼서류를 제출하기만 하면 모든 것이 끝나는 상황인데, 외도한 남편을 찾아가 아내가 무릎 꿇고 "여보, 내가 잘못했어요. 내가 아내로서 당신을 제대로 섬기지 못했어요"라고 울며 고백하니 어떤 남자가 무너지지 않을 수 있겠는가? 그날 그 남편도 마음이 무너져 눈물을 흘리며 자신의 모습을 돌이켰다고 한다.

회복은 문제의 원인을 정확하게 파악하는 데서부터 일어난다. 그런데 우리에게는 그 문제의 근원을 파악할 능력이 없다. 날마다 '당신 탓'이다. 그러나 회복은 자신에게 문제의 원인이 있다는 자각에서 시작한다. 삭개오가 예수님과의 만남을 통해 문제의 근원이 자신에게 있었다는 사실을 자각했던 것처럼 우리 모두 회복의 단초를 제공하는 하나님의 특별한 은혜를 누리게 되기 바란다.

변화 2, 가치관이 새로워지다

둘째, 삭개오는 예수님을 만난 후에 가치관이 변하기 시작했다. 그는 지금까지 잘못된 가치관을 가지고 살아왔다. 물질을 얻는 데 자기 인생의 최우선순위를 두었다. 부(富)만 쌓을 수 있다면 사람과의 관계가 깨어지는 것쯤이야 별것 아니라고 생각했다. 그랬던 그가 예수님의 터치를 경험하자 그것이 잘못된 가치관이라는 것을 깨닫게 된 것이다.

성경에 보면 이런 사례가 많다. 한 예로, 신약에서 가장 유명한 인물인 사도 바울 역시 예수님을 만나고 가치관이 송두리째 변하는 경험을 했다. 사도 바울이 예수님을 만나기 전에 어땠는가?

> 그러나 나도 육체를 신뢰할 만하며 만일 누구든지 다른 이가 육체를 신뢰할 것이 있는 줄로 생각하면 나는 더욱 그러하리니 나는 팔일 만에 할례를 받고 이스라엘 족속이요 베냐민 지파요 히브리인 중의 히브리인이요 율법으로는 바리새인이요 열심으로는 교회를 박해하고 율법의 의로는 흠이 없는 자라 빌 3:4-6

그는 정말 대단한 사람이었다. 엄청난 학벌을 가지고 있었고, 대단한 가문에서 태어났다. 율법적으로 흠이 없는 사람이었다. "난 누구에게도 뒤지지 않는다"라는 자부심으로 똘똘 뭉쳐진 사람이 바울이었다. 그러나 그는 여전히 목말랐다. 모든 것을 다 갖추었는데도 그 인생에 해소되지 않는 갈증이 있었다. 그는 그 갈증의 원인이 무엇인지 도무지 알 수 없었다.

그랬던 그가 다메섹 도상에서 예수 그리스도를 만나고 나서 자기 인생의 목마름의 원인을 발견했다. 그는 그 자리에서 고꾸라져서 예수님을 영접하고, 그가 가지고 있던 가치관이 송두리째 바뀌는 사건을 경험했다. 그의 가치관이 어느 정도로 바뀌었는가 하면 이전에 소중이 여기던 모든 것을 배설물처럼 여기게 되었다.

> 그러나 무엇이든지 내게 유익하던 것을 내가 그리스도를 위하여 다 해로 여길뿐더러 또한 모든 것을 해로 여김은 … 내가 그를 위하여 모든 것을 잃어버리고 배설물로 여김은 … 빌 3:7,8

예수 그리스도가 가장 소중하기 때문에 다른 모든 것이 더 이상 자기에게 중요하지 않게 되었다는 것이다. 그의 가치관이 완전히 바뀌게 된 것이다.

내면이 무너지면 무슨 소용인가?

예수 믿어서 좋은 것이 무엇인가? 기독교는 눈에 보이는 현실 세계만 추구하는 종교가 아니다. 예수 그리스도를 영접하면 내면세계의 질서가 회복된다. 열등감, 상처, 콤플렉스, 분노로 뒤엉킨 자신의 내면세계가 예수 그리스도의 사랑의 터치로 제자리를 찾는 경험을 하게 된다.

그 같은 내면세계의 변화를 경험한 사람은 더 이상 자신을 괴롭혀 오던 문제들이 별것 아니라는 사실을 깨닫게 된다. 그의 가치관이 변하고 그의 삶이 변하게 된다.

솔직히 바울이 배설물처럼 여겼다고 하는 학벌과 집안과 재산이 그렇게 별것 아닌 문제인가? 사실 그렇게 쉬운 문제는 아니다. 과거 청소년 사역을 할 때 100평짜리 집에 살던 교사 분의 초대로 그 집에 가본 적이 한 번 있다. 말로만 듣던 '100평짜리 집'에 실제로 가보니 정말 놀라웠다. 화장실에 갔다가 길을 잃어버렸을 정도였다. 그 문이 그 문 같고, 그 길이 그 길 같아 같은 자리만 뱅뱅 도는 느낌이었다. 그때 알았다.

'말이 100평이지, 이게 정말 대단한 거구나.'

그런 엄청난 부가 아무나 누릴 수 있는 별것 아닌 일이 아니다. 그런데 바울은 어떻게 자기 삶에 주어진 엄청난 특권들을 배설물처럼 시시하게 여길 수 있었을까? 그것이 바로 복음이다. 이 땅에 잠깐 있다 사라질 무엇에 집착하는 것이 신앙이 아니라는 것이다.

내 안에 평강이 없고 그 내면의 질서가 무너져 있는데 그 많은 부와 특권들을 누린들 무슨 소용인가? 마음속은 항상 열등감과 상처와 죄책감으로 전쟁 중인데 눈앞에 보이는 화려한 집과 높은 학벌이 무슨 소용이냐는 말이다. 우리는 먼저 예수님을 만남으로 우리의 내면세계가 회복되는 은혜를 누려야 한다. 삭개오처럼 말이다.

가치관이 변하면 복음이 능력을 발휘한다

나는 미국으로 이민 갔다가 서른 살 때 한국으로 돌아왔다. 그 당시는 미국에서 작은 사업을 하면서 돈을 조금 벌기 시작하던 때였다. 그러다 한국으로 가서 청소년을 도우라는 하나님의 음성에 순종하여 일을 정리하는 과정에서 약간의 돈을 가지고 나올 수 있었다. 그렇게 목사가 되기 위해 한국에 왔는데, 하나님께서 내 마음에 이런 생각을 주셨다.

"이제 내가 목사가 되어 여러 사람을 섬기게 될 텐데, 경제적으로 어려운 사람들의 형편과 사정을 경험해보는 것이 좋지 않겠는가!"

당시 미국에서 가지고 나온 돈으로 제법 괜찮은 전세를 얻을 수도 있었지만, 하나님이 주신 그 생각에 순종하여 한 달에 4만 8천 원짜리 달동네 사글셋방을 얻어 그곳에서 2년을 살았다.

추운 겨울에 보일러가 고장 나 어느 권사님이 선물해준 전기장판과 두꺼운 솜이불로 덜덜 떨면서 겨울을 난 기억이 아직도 생생하다. 솜이불이 어찌나 무겁던지 그 이불을 덮고 자다 보면 가위에 눌리기 일쑤였다. 악몽을 꾸면서 이불을 걷어차면 또 추워서 덜덜 떨다가 잠을 깨곤 했다.

아마도 한국에 돌아오지 않고 미국에서 그냥 살았다면 경제적으로는 지금보다 더 나은 생활을 할 수 있었을지도 모른다. 그러나 한국에 들어와 달동네에서 살던 그 2년을 포함하여 지난 20여 년의 내 삶을 한마디로 압축하자면, 나는 '내면세계의 평안'이라고 말할 수 있다.

달동네에 살 때 교육전도사로 한 달 사례비 24만 원 받으며 생활했는데, 훈련 차원에서 미국에서 가지고 온 돈은 사용하지 않고 교회에서 주는 사례비만으로 생활했다. 이것은 생활이라는 표현보다는 연명했다는 표현이 더 정확할 것이다.

24만 원에서 십일조 떼고 차비 떼고 나면 반찬값도 여유가 없었다.

겨우 마른 김이나 멸치를 사와 그것만 가지고 밥을 먹었다. 삼 시 세끼를 그렇게 연명했다. 이게 무슨 청승인가 하는 생각이 들기도 했지만, 밥이 얼마나 맛있었는지 그야말로 꿀맛이었다. 그때 내가 경험한 것은 '주 안에서의 행복' 그 자체였다.

그러면서 느낀 것이 인간의 행복은 아파트 평수로, 반찬 가짓수로, 통장 잔고로 규정되지 않는다는 사실이었다. 내 생애 가장 행복했던 시기 중 하나가 달동네에서 혼자 청승 떨며 살던 바로 그때라면 믿을 수 있겠는가? 그런 소중한 경험 덕분에 나는 누구에게 전도하더라도 예수 믿으면 부자 된다는 말보다는 예수 믿으면 어떤 환경에서라도 그 환경을 초월하는 능력을 갖게 된다고 전한다. 그것이 복음의 능력이다.

변화 3, 결단하는 능력이 생긴다

셋째, 삭개오는 예수님을 만나고 그분의 터치를 경험하고 나서 결단하는 힘을 갖게 되었다. 그에게 용서할 수 있는 힘, 사랑할 수 있는 힘이 생겼다.

앞에서 말한 것처럼 삭개오는 상처가 많은 사람이다. 자기를 따돌리고 무시하는 사람들에 대한 증오가 있었다. 그런 그가 예수님을 만나자 그렇게 소중히 여기던 재물을 나누어주고 토색한 것이 있으면 다 갚겠다고 한 것이다.

결혼식 주례를 하다 보면 가장 순결하고 소중한 순간이 신랑, 신부가 서약하는 시간인 것 같다. 부들부들 떨면서 서로 이 사람만을 진실하게 사랑하겠다고 서약한다. 그 순간만큼은 100퍼센트 순결하고 진실하다. 그런데 그렇게 진실하게 결혼 서약을 해놓고 이혼서류에 도장 찍겠다고 법원 앞에 줄을 서는 이유가 무엇인가? 결혼 서약이 위선이었을까? 아니다. 그 순간에는 진심을 다한 고백이었다. 다만 우리에게는 그것을 지킬 힘이 없다는 것이 비극이요, 그것이 인간이 가진 한계이다.

삭개오라고 그동안 자신의 고독한 생활을 청산하고 싶지 않았겠는가? 자기 문제가 뭔지 정말 전혀 몰랐겠는가? 알아도 청산할 힘이 그에게 없었던 것이다. 자기를 조롱하고 비웃고 따돌리는 사람들을 품고 사랑하고 용서할 능력이 그에게 없었다. 그런 그가 예수님의 사랑의 터치를 경험하고 나자 그 힘을 얻게 된 것이다.

나는 목사로서 이 시대의 교회가 가슴 아프다. 오늘날 한국 교회가 바로 이 능력을 잃어버렸기 때문이다. 결단할 수 있는 힘이 회복되어야 한다. 용서할 수 있는 힘, 사랑할 수 있는 힘, 내가 서약한 것을 행할 수 있는 힘이 우리에게 있어야 한다. 그러기 위해서는 먼저 예수님의 사랑의 터치를 경험해야 한다.

외부로부터 경험되는 영성의 터치

앞에서 언급한 것처럼 우리나라 대표 지성인 이어령 씨의 회심에는 그의 딸 이민아 목사의 역할이 매우 컸다. 사랑하는 딸의 계속되는 불행 앞에 우리나라 대표 지성인 이어령 씨는 자신이 딸을 위해 해줄 수 있는 것이 아무것도 없다는 무력감을 느꼈다. 모두가 칭송하는 자신의 지성으로도, 평생을 갈고닦은 자신의 실력으로도 딸을 위해 해줄 수 있는 것이 아무것도 없더라는 것이다. 그는 좌절된 마음을 이렇게 표현했다.

"인간의 한계와 허물을 이렇게 느끼면서도 창조와 부활을 안 믿었습니다. 창조를 하려고 문학을 택했지만 50년 만에 그것이 얼마나 의미 없는 일인지를 알게 되었습니다. 텅 빈 내 방이 마치 사원처럼 느껴졌습니다. 절대 고독 속에 멈추어 있을 때 평생 처음으로 바깥에서 오는 힘이라는 것을 느꼈습니다."

그러고 나서 이렇게 덧붙였다.

"영원과 마음은 내 안에 있는데 영성은 바깥에서 나에게 다가왔습니다."

이어령 교수가 어떻게 이런 깨달음을 얻었는지 아는가? 그 딸이 몇 해 전 예수님을 영접했다. 그리고 자기 인생에 드리워진 그 무거운 짐들을 하나님 앞에 놓고 절박하게 기도하는데, 놀라운 일이 하나하나 벌어지기 시작한 것이다.

가령 눈 수술을 받기 위해 병원을 찾았는데, 검진하던 의사가 눈에 전혀 이상이 없다는 것이다. 분명히 미국 병원에서 망막이 떨어져 나을 수 없다고 판정했는데, 수술 받기 위해 찾은 한국 병원에서는 망막이 떨어졌던 흔적조차 찾을 수 없다는 것이다. 이것을 어떻게 과학적으로 설명할 수 있겠는가?

이렇게 딸의 인생에 드리워진 먹구름이 하나님의 힘으로 거두어지는 것을 보면서 이어령 씨가 무릎 꿇게 된 것이다. 이어령 씨는 딸에게 이렇게 말했다고 한다.

"나의 지식과 돈이 너를 구하지 못했다. 정말 네가 주 안에서 편안함을 얻었다면, 새로운 생명을 얻었다면 나의 무기력이 증명된 것이 아니냐. 내가 이 무력함에 매달려 지금까지 살았구나. 우리 동행하자. 지금 자신은 없지만 네가 시력을 잃어가면서 본 그 빛을 나에게도 보이게 해주지 않겠니."

나는 이분이 정말 정직한 분이라고 생각한다. 평생 지기기 의지했던 지성과 과학, 그동안 자신이 신뢰했던 그 모든 바탕도 다 소중한 것들이다. 그런데 외부에서 오는 힘, 지성과 과학으로 설명되지 않는 눈에 보이는 세상 너머의 능력, 절대자이신 하나님의 놀라운 터치를 경험하게 되자 그는 자신의 무력함을 솔직하게 고백했다. 그리고 예수님을 영접하고 세례를 받았다.

보호자가 있는 인생 vs 보호자가 없는 인생

인생은 위기가 전혀 없는 인생, 날마다 위기인 인생으로 나뉘지 않는다. 모든 인생은 다 위기이다. 나는 한국에서 손꼽히는 재벌도 만나봤고, 내로라하는 권력가도 만나봤다. 그런가 하면, 지하 단칸방에 사는 사람도 만나보았고, 하루하루 먹고 살 걱정에 쉴 틈 없는 사람들도 많이 만나보았다. 그러면서 내가 발견한 진리는 '고통 총량 불변의 법칙'이었다. 대궐 같은 곳에 살든, 지하 단칸방에 살든 상관없이 그 내용이 다르고 질이 달라서 그렇지 모든 사람은 다 각자에게 주어진 인생의 무게가 있다.

그렇기 때문에 인생을 고통이 없는 자와 있는 자, 위기가 없는 자와 있는 자로 나누는 것은 정직한 분류가 아니다. 그렇다면 인생은 어떻게 분류할 수 있는가? 삶의 무게와 고통은 모든 인생에 드리워지는데, 그럴 때 그 아픔을 하소연할 보호자가 있는 인생인가, 어떤 보호자도 없는 인생인가로 나누어지는 것이다.

지존자의 은밀한 곳에 거주하며 전능자의 그늘 아래에 사는 자여, 나는 여호와를 향하여 말하기를 그는 나의 피난처요 나의 요새요 내가 의뢰하는 하나님이라 하리니 이는 그가 너를 새 사냥꾼의 올무에서와 심한 전염병에서 건지실 것임이로다 시 91:1-3

이 시편의 고백처럼, 우리 인생에 위기가 찾아올 때 "하나님은 나의 피난처요 나의 요새요 내가 의뢰하는 하나님이라"고 고백할 수 있는 인생과 그렇지 않은 인생이 있다는 말이다.

그가 너를 그의 깃으로 덮으시리니 네가 그의 날개 아래에 피하리로다 그의 진실함은 방패와 손 방패가 되시나니 너는 밤에 찾아오는 공포와 낮에 날아드는 화살과 어두울 때 퍼지는 전염병과 밝을 때 닥쳐오는 재앙을 두려워하지 아니하리로다 시 91:4-6

밤에 찾아오는 공포와 낮에 날아드는 화살, 현대를 살아가는 우리에게도 정말 마음에 와 닿는 표현이다. 밤마다 이유를 알 수 없는 두려움에 시달리고 낮에 숱한 위기들과 불신의 관계 속에 드리워진 올무를 끊임없이 조심해야 하는 것이 현대인의 자화상이다. 그러나 그 가운데서도 하나님의 보호를 받는 우리는 하나님의 날개 아래 몸을 피하고 닥쳐오는 재앙을 두려워하지 않는다고 고백할 수 있는 것이다.

파스칼이 이런 말을 했다.

"사람의 마음속에는 큰 구멍이 있다. 그것은 타락으로도 명예로도 철학으로도 채울 수가 없다. 오직 그리스도의 사랑만이 채울 수 있다."

마음이 허전한 사람이 있는가? 마음에 견딜 수 없는 공허함이 깃드는가? 지금이야말로 하나님을 찾을 때이다. 절망 중에 하나님을 만났던 이어령 씨의 딸처럼, 외부로부터 경험되는 영성의 힘에 자신의 지성을 내려놓을 수밖에 없었던 이어령 씨처럼 지금이 절대자의 터치를 경험할 때이다.

빨리 가는 것보다 중요한 것

너무나 바쁘고 분주한 도시 생활 가운데 어딘가를 향해 정신없이 허겁지겁 달려가고 있는데, 만약 우리의 인생길이 막다른 골목에 이른다면 어떻게 하겠는가? 바삐 가는 것보다 더 중요한 것이 바른 길을 가는 것이다. 부와 권력을 손에 쥔 삭개오처럼 이제 무언가 이룬 것 같고, 이제 누구에게도 무시당하지 않을 자리에 오른 것 같은데, 혹시 시편 기자의 고백처럼 밤에 찾아오는 공포와 낮에 날아드는 화살 앞에서 무방비 상태로 서 있는 보호자 없는 인생은 아닌가?

내가 경험해보니, 연탄보일러가 고장 난 달동네에서 3천 원짜리 비빔밥 하나 사 먹을 돈 없이 사는 것은 정말 불편한 일이었다. 그러나 그것이 나를 불행하게 만들지는 못했다. 우리를 불행하게 하는 것은 '결핍'이 아니다. 그것은 '관계'의 문제이다.

예수님은 삭개오와의 만남을 이렇게 정리하셨다.

인자가 온 것은 잃어버린 자를 찾아 구원하려 함이니라 눅 19:10

우리는 제자리로 돌아가야 한다. 마음의 허전함, 무엇으로도 채워지지 않는 공허함을 채우실 수 있는 유일한 분에게로 돌이켜야 한다. 아무리 교회에 오래 다녔어도 그저 세상 사람들이 구하는 것처럼 "부자 되게 해주세요. 성공하게 해주세요"라고만 부르짖기에 바쁘다면, 백 번을 부르짖어도 결코 진리를 찾을 수 없다.

예수님의 사랑의 터치를 경험해야 한다. 성령님이 우리의 마음을 터치해주셔야 한다. 삭개오를 만나 그 마음을 터치해주신 주님, 바로 그 주님이 지금 우리의 마음을 동일하게 터치해주시길 바란다. 그래서 끊임없이 불안하고 말할 수 없는 아픔으로 가득한 이 세상에서 참된 평안을 누릴 수 있게 되기를 바란다.

우리는 십자가의 도를 회복해야 한다.
그것이 우리 교회가, 우리 그리스도인이
회복해야 할 기본 중의 기본이다.
기본을 탄탄히 하지 않고는 출렁이는 세상 물결 속에서
그리스도인으로 온전히 살아갈 수 없다.
그렇기 때문에 나는 한경직 목사님의 말씀을
흉내 내어 이렇게 권면하고 싶다.
"정말 예수 잘 믿으시기 바랍니다."

PART
02

주님을 향한 나의 마음을
새롭게 하라

하나님이 세상을 이처럼 사랑하사 독생자를 주셨으니 이는 그를 믿는 자마다 멸망하지 않고 영생을 얻게 하려 하심이라 요 3:16

CHAPTER 4

우리가 지켜야 할 처음마음은
사랑의 십자가이다

기초부터 다시 시작합시다

내가 이민 생활할 때 보니, 미국에서는 미식축구의 인기가 정말 높다. 미식축구 감독 중에 빈스 롬바르디(Vince Lombardi)라는 감독이 있는데, 그는 미식축구계의 신화 같은 존재이다. 그런데 《네가 거듭나야 하리라》(이현수, 두란노)라는 책을 읽다 보니, 그 책에 빈스 롬바르디 감독에 관한 에피소드가 담겨 있었다.

빈스 감독이 한창 전성기를 누리던 1965년에 있었던 이야기이다. 그때 빈스 감독이 맡고 있던 팀이 깊은 슬럼프에 빠져 있었다고 한다. 팀이 고전을 면치 못하자, 빈스 감독은 슬럼프에 빠진 선수들을 회복시키기 위해 매우 독특한 방법을 사용했다. 빈스 감독은 산전수전 다 겪은 노장 선수들을 불러놓고 이렇게 말했다.

"여러분, 우리 기초부터 다시 시작합시다."

그러면서 미식축구 공인 럭비공을 들어 올리며 "여러분, 이것이 바로 미식축구 공입니다"라고 하면서 꼭 초등학생들을 가르치듯이 백전노장들을 가르쳤다는 것이다.

빈스 감독은 무엇을 의도하고 이런 행동을 했을까? 기본기를 회복하자는 것이다. 미식축구 공이 어떻게 생겼는지도 정확히 모르던 그때, 가장 처음으로 돌아가 다시 기초부터 다지자는 것이다.

그 책을 읽다 보니 문득 떠오르는 기억이 하나 있었다. 교계의 큰 어른으로 존경 받던 고(故) 한경직 목사님에 대한 일화이다. 한경직 목사님은 은퇴하고 소천하시기 전까지 남한산성에 기거하셨는데, 당시 교계 중진 목사님 몇 분이 찾아뵌 적이 있다. 그 자리에서 어느 목사님이 "목사님, 저희들에게 덕담 한마디만 해주세요"라고 요청했다. 그러자 한경직 목사님은 이렇게 대답하셨다.

"목사님들, 예수 잘 믿으시기 바랍니다."

이미 예수 믿고, 수많은 사람들에게 복음을 전하는 목사들에게 예수님을 잘 믿으라니, 잘못 오해해서 들으면 상처받을 수 있는 말씀 아닌가? 그런데 목회자의 길을 걷는 나에게 한경직 목사님의 그 말씀이 큰 울림이 되었다. 지금도 나는 간혹 그 분의 그 충고의 말씀을 되새기곤 한다.

그렇다. 빈스 감독이 백전노장 선수들에게 럭비공을 들어 보이며 "이것이 미식축구 공입니다"라고 가르쳤던 것처럼 이미 예수 믿는 목사님들에게 "예수 잘 믿으세요"라고 하신 한경직 목사님의 말은 우리가 회복해야 할 기본기, 우리가 되찾아야 할 처음마음이 무엇인지를 지적해주는 귀한 충고의 말씀인 것이다.

교회가 회복해야 할 기본기

그렇다면 우리 한국 교회가 다져야 할 기초는 무엇인가? 오늘날 한국 교회는 "교회가 위기를 만났다, 변질됐다, 병들었다, 타락했다"와 같은 뼈아픈 이야기를 많이 듣는다. 이런 상황 속에서 교회가 회복해야 할 핵심, 교회가 다져야 할 기본기는 무엇인가? 그것은 십자가의 도(道)이다. 오늘날 어려움을 만난 교회가 가장 먼저 해야 할 급선무는 바로 '십자가의 도'를 회복하는 것이다.

나는 늘 생각한다. 내가 섬기는 분당우리교회가 아무리 화려한 건물을 자랑하고, 요란한 프로그램을 자랑하고, 무슨 복지재단이나 사회사업이다 해서 세상을 구원할 것처럼 많은 일을 한다 하더라도 이 교회에 십자가가 보이지 않으면 단언컨대 이 교회는 병든 교회이다. 이런 의미에서 요한복음 3장 16절은 나를 비롯한 모든 크리스천들이 마음에 담고 늘 묵상해야 하는 말씀이다.

하나님이 세상을 이처럼 사랑하사 독생자를 주셨으니 이는 그를

믿는 자마다 멸망하지 않고 영생을 얻게 하려 하심이라 요 3:16

십자가는 죄를 범한 우리 인생을 향한 하나님 사랑의 결정체이다. 즉, 하나님이 세상을 이처럼 사랑하사 독생자 예수 그리스도를 우리를 위하여 죽기까지 내어주신 사랑의 결정체이다. 교회 안에 그 십자가가 선명하게 각인되어 있어야 한다. 십자가는 벽에 걸어놓고 감상하는 장식품이 아니다. 우리 마음에 새겨야 하는 기본 중의 기본이다.

세상 이치를 역행하는 십자가

십자가는 세상 이치에 역행하는 법칙이다. 그 때문에 세상 사람들은, 심지어 예수님을 영접한 그리스도인조차도 이 십자가를 온전히 믿고 받아들이는 데 어려움을 겪는다. 세상 이치는 저등한 존재가 고등한 존재를 위하여 희생당하는 것을 당연한 것으로 여긴다. 이것은 마치 물이 위에서 아래로 흐르듯 자연스러운 이치이다.

많은 사람들이 육식을 좋아하고, 가죽 옷과 가방을 좋아한다. 우리가 그렇게 많은 동물들을 잡아서 요리를 해먹고, 가죽을 벗겨 옷이나 가방을 만들면서도 아무런 양심의 가책을 느끼지 않는 것은 그 동물들이 사람보다 저등한 존재이기 때문이다. 우리가 소를 키우는 것은 소를 사랑해서가 아니라 잡아먹으려는 것이다. 이처럼 고등한 존재에 의해 저등한 존재가 이용당하고 희생당하는 것, 이것이 지극히 당연한 세상의 이치이다.

그런데 유독 십자가의 도는 지극히 자연스러운 세상 이치를 역행한다. 어떻게 우리와 비교도 되지 않는 천지를 창조하신 창조주께서 우리 같은 별 볼일 없는 인생을 위해 십자가를 지고 죽어주실 수 있단 말인가? 믿기지 않는 것이 당연하다.

이런 것을 생각해보면, 어쩌면 지하철이나 거리 한복판에서 아무리 핏대 올리며 예수 믿으라고 소리쳐봐야 별로 소용없는 일인지 모른다. 십자가의 도는 인간적인 노력으로 믿게 만들 수 있는 것이 아니기 때문이다. 성령님의 특별한 은혜로 영의 귀가 열리지 않으면 도무지 믿기 힘든 것이 십자가의 도이다.

또 성령님의 은혜로 십자기의 도를 믿고 받아들였다 할지라도 조금만 방심하면 우리 마음속에서 십자가가 자취를 감춘다. 당신은 어떤가? 지금 당신의 마음속에는 십자가가 선명하게 드러나 있는가? 십자가의 도가 진정으로 믿어지는가? 아마도 자신 있게 대답할 수 있는 사람은 그리 많지 않을 것이다. 자신도 모르는 사이에 우리는 지금 세상의 법칙에 너무 익숙해져 있다. 그래서 예수 믿는다고 하면서도 십자가의 도가 우리 마음에 제대로 새겨져 있지 않다.

우리는 십자가의 도를 회복해야 한다. 그것이 우리 교회가, 우리 그리스도인이 회복해야 할 기본 중의 기본이다. 기본을 탄탄히 하지 않고는 출렁이는 세상 물결 속에서 그리스도인으로 온전히 살아갈 수 없다.

그렇기 때문에 나는 한경직 목사님의 말씀을 흉내 내어 이렇게 권면하고 싶다.

"정말 예수 잘 믿으시기 바랍니다."

삶에서 십자가 정신이 흐르게 하라

예수님을 잘 믿는다는 것은 대가 없이 희생하고, 이유 없이 헌신하는 것이다. 가정에서, 직장에서 먼저 섬기고 먼저 헌신하는 것이다. 삶에서 십자가 정신이 흐르게 하는 것이다.

내가 평생을 걸쳐 뼈아프게 얻은 교훈이 하나 있다. 그것은 사람은 절대로 바뀌지 않는다는 것이다. 사실, 나는 결혼 전에는 누구를 만나 결혼하든, 어떤 자녀를 낳든 내 가족들의 작은 습관부터 그 삶을 다 변화시키고 교정시킬 자신이 있었다. 내 안에 이런 교만이 있었던 것이다.

'수많은 청소년들이 나로 인해 변화된 삶을 살아가고 있잖아! 그 설득력으로 나는 어떤 여자와 결혼해도 결혼생활 잘할 자신 있어!'

그런데 그렇게 자신하다가 큰코다쳤다. 모든 것을 다 바꿀 수 있기는커녕 결혼생활 20년에 아내의 치약 짜는 습관 하나도 아직 고치지 못했다. 사람은 바뀌지 않는다. 고쳐서 되는 존재가 아니다. 그래서 가정이 행복하기 위해서는 상대방을 가르치고 교정시키려 해서는 안 된다. 배우자가 치약을 가운데서부터 짜면 그 사람을 바꾸려 하지 말고 나도 가운데서부터 짜면 된다. 가정이 평화롭기 위해서는 쓸데없는 잔소리 대신 낮은 데로 내려가 먼저 이해하고 솔선수범하고 격려해야 하는 것이다.

지금도 간혹 결혼 안 한 청년들 중에 예전의 나처럼 허황된 자신감으로 "누구를 만나든지 내가 원하는 방향으로 다 변화시킬 수 있습니다"라고 큰소리치는 사람을 보면 나는 속으로 비웃는다.

"너도 결혼해서 살아봐."

사람은 쉽게 변하는 존재가 아니다. 특히 우리의 세 치 혀로 바꿀 수 있는 존재가 아니다. 그저 내가 먼저 낮은 곳으로 내려가 내가 먼저 섬기고 헌신할 때, 십자가의 도가 내 안에서 실천될 때 그때 가정이 변화되고 관계가 변화된다.

분당우리교회의 젊은 음악도 몇 분이 경제적인 어려움 때문에 평생 제대로 된 악기 한 번 잡을 수 없는 복지관 아이들을 대상으로 음악 레슨을 해주고 있다. 일부러 시간을 내어 레슨을 해주는 것도 대단한데, 자비를 들여 그 비싼 악기를 복지관 아이들에게 나누어 주고 있다. 그런가 하면 우리 교회 복지관에서 하고 있는 또 다른 프로그램인 '에듀투게더'가 모 신문 사설에까지 나올 정도로 화제를 모았다. 교회 성도들 중에서 수학, 영어, 국어, 논술 선생님 등 선생님들이 자원봉사로 아이들을 가르쳐주는 것이다.

그들이 실력 없고 할 일 없고 시간이 남아서 봉사하는 것이 아니다. 정식으로 레슨을 하거나 과외를 하면 시간당 많은 돈을 받을 수 있는 실력가들이다. 그런데도 아무런 대가 없이 어려운 아이들에게 묵묵히 음악을 가르쳐주고 공부를 도와주는 모습에 절로 감사가 나온다.

그렇게 이름 없이 빛도 없이 아무런 대가도 없이 낮은 곳으로 가서 먼저 섬기고 헌신하는 그들의 모습을 보면서 '아, 저분들 가슴속에는 십자가가 새겨져 있구나' 하는 생각이 들었다. 또한 그들이 섬기고 있는 그곳 역시 주님의 십자가가 새겨지고 있었다. 낮은 곳에서 먼저 섬기고, 먼저 헌신하고, 먼저 희생하는 것이 십자가 정신이며 또한 그렇게 할 때 십자가 정신이 전해지는 것이기 때문이다. 예수님이 그러셨던 것처럼 말이다.

그렇다면 이처럼 우리가 십자가를 묵상하고 또 십자가를 의지할 뿐 아니라 삶 속에서 십자가의 도를 실천하려고 애를 쓰면 우리 인생에 어떤 유익을 얻을 수 있는가? 많은 것들이 있지만 두 가지만 요약해서 정리해보자.

참 된 평 안 이 십 자 가 와 함 께 흐 른 다

첫째, 십자가가 내 안에 각인되면 이 땅을 사는 동안에 평안을 얻게 된다.

'평안'이야말로 현대인들이 풀어야 할 과제 중의 하나이다. 어느 자료를 보니, 미국 성인들이 가장 많이 복용하는 약 중의 하나가 항우울제라고 한다. 12세 이상 미국 사람 중에서 약 11퍼센트가 이 약을 복용 중이라고 하는데, 특히 백인이 흑인보다 더 많이 복용하고 여성이 남성보다 두 배 이상 더 많이 복용한다고 한다. 무엇이 세계 최강국이라고 하는 미국 사람들을 이토록 우울하게 만들었을까?

영어로 '안전'이라는 단어는 'security'이다. 그런데 이 단어는 '근심 걱정 없는'이라는 뜻의 라틴어 'securitas'에서 파생되었다. 즉, 진정한 안전은 '내 마음이 편한 것, 마음에 근심 걱정이 없는 상태'를 말한다는 것이다.

오늘날 현대인들은 외부로부터 침입하는 도둑을 막기 위해 담장을 높이 쌓고, 이중 삼중의 잠금장치를 설치하고, 보안 전문 업체에 철통 경비를 부탁한다. 그러나 정작 자신의 내부에서 침입하는 적은 다스릴 수 없어 수면제를 먹지 않으면 불안해서 잠조차 제대로 자지 못한다. 이런 현대인들의 모순을 무엇으로 설명할 수 있는가? 이런 모습이 진정 안전 가운데 깃든 모습이라고 할 수 있는가? 무엇이 현대인들을 이처럼 불안에 떨게 만드는가?

창조주를 찬양할 때 항암 능력도 높아진다

언젠가 암에 관한 신문 기사를 읽다가 깜짝 놀란 적이 있다. 이런 제목의 기사였다.

"MD 앤더슨 종신교수 김의신 박사의 암 이야기."

MD 앤더슨 암센터는 세계 최고의 암 전문 병원이다. 그곳에 종신교수로 있는 한국인 김의신 박사가 암과 관련하여 긴 인터뷰를 했다. 기사를 찬찬히 읽어 보니 귀담아 들을 내용이 참 많았다.

"한국 암 환자는 멀리서 봐도 금세 티가 납니다. 다들 얼굴에 근심이 가득하고 어깨가 축 처져 있어요. 과도한 걱정은 오히려 암세포를 키우는데, 암에 대한 잘못된 정보를 믿고 치료를 망치는 경우도 많아 답답한 때도 많지요."

그러면서 암과 관련된 전문적인 지식을 열거하였는데, 그중에 내 눈길을 잡아 끈 대목이 있었다. 우리 몸에 암세포를 잡아먹는 고마운 면역세포가 있다는 것이다. 'Natural Killer cell'이라는 세포인데 약자로는 'NK'이고 우리말로 하면 '자연살해세포'이다. 사람 몸에 이 자연살해세포가 많으면 암에 잘 걸리지도 않을 뿐 아니라 암에 걸려도 치료가 잘된다는 것이다. 그런데 암에 대한 권위자가 이 자연살해세포에 대해 설명하면서 결론으로 이렇게 말했다.

"여러 사람을 대상으로 이 세포의 수치를 조사했더니 항상 웃고 즐겁게 사는 사람에게서 이 NK 수치가 높게 나타났다. 교회 성가대 찬양대원들은 일반인보다 그 수치가 1,000배 높게 나와서 나도 놀란 적이 있다. 기쁨 속에서 노래하고 감사 기도하고 인생을 밝게 사는 사람이 암에 대한 저항력이 높은 것이다. 이제 의학계에서 정설이 됐다. 어느 종교를 믿건 '찬양대원의 NK 세포 1,000배'의 의미를 되새기며 살아가기 바란다."

종교 신문도 아니고 오히려 종교 이야기만 나와도 기사를 삭제해버리는 일반 신문에서 내린 결론이다. 게다가 나 같은 목사가 아닌 세계적인 암 전문가의 결론이다. 그 박사에 대해 소개한 기사가 이렇다.

"김의신 박사는 존스홉킨스 병원 등에서 예방의학과 내과 영상의학과 핵의학과 전문의를 거쳤다. 31년째 MD 앤더슨에 근무하며 한국에서 온 암 환자 천여 명을 맞았다. 한국 의사 750여 명을 이곳에서 연수받도록 해 국내 암 치료 선진화를 이끈 대부로도 통한다."

세계적인 암 전문가가 이야기하기를 암세포를 죽이는 NK 세포를 많이 활성화시키는 것은 찬양대원들처럼 신령한 노래를 하고 기뻐하며 즐거워하는 일이라는 것이다. 기름진 것 먹고, 영양가 높은 음식 찾아서 먹고, 비타민 챙겨서 먹는다고 생기는 것이 아니라 창조주 되시는 하나님을 기뻐하고 찬양하며 감사할 때 생긴다는 것이다.

참된 평안은 진짜 복음에 있다

그런데 여기서 한 가지 반드시 기억해야 할 것이 있다. 참된 평안은 참된 십자가 정신이 흐를 때 함께하는 것이지 헛된 평강을 전하는 변질된 복음으로는 얻을 수 없다는 것이다. 요즘 안타깝게도 많은 교회의 강단에서 이상한 복음, 진리에 물 탄 복음이 선포되고 있다.

"예수 믿으면 복 받는다!"

여기까지는 맞다. 그런데 "예수 믿으면 부자 된다, 예수 믿으면 성공한다, 예수 믿으면 자녀들이 좋은 대학 간다" 이런 강조들은 문제가 좀 있다. 예수 믿으면 받게 될 복들이 이 세상에서 필요로 하는 물질적인 것이 전부인 것처럼 비춰질 수 있기 때문이다. 이것은 하나님의 신령한 복을 저급한 것으로 전락시키는 것이다. 이런 메시지가 복음인 것처럼 강단에서 전해지다 보니 신령하고 영적인 것들이 육적인 것으로 변질되어 버린 것이다.

나 역시 강단에서 말씀을 전할 때마다 조심스럽다. 목사인 내가 하나님의 말씀을 자칫 잘못 전하면 성도들을 혼란에 빠뜨리기 때문이다. 정말 예수 잘 믿으면 복을 받아 사업 잘되고, 자녀들이 좋은 대학 가고 하는 식으로 이 땅에서 잘 먹고 잘 사는 결과만을 얻는다면, 예수님 열심히 믿으면서도 현실적으로 사업과 생활이 어려워서 눈물로 신음하는 분들은 어떻게 되겠는가? 복음은 그런 것이 아니다.

잘 되면 축복, 안 되면 저주?

요나서에 보면, 요나가 하나님 말씀에 정면으로 도전하는 장면이 나온다. 하나님께 반기를 든 것이다. 하나님은 니느웨로 가서 복음을 전하라고 하시는데, 요나는 정반대 길로 가서 하나님께 대항한다.

> 그러나 요나가 여호와의 얼굴을 피하려고 일어나 다시스로 도망하려 하여 욥바로 내려갔더니 마침 다시스로 가는 배를 만난지라 여호와의 얼굴을 피하여 그들과 함께 다시스로 가려고 배삯을 주고 배에 올랐더라 욘 1:3

요나는 하나님의 명령을 거역하여 의도적으로 하나님이 가라고 명하신 곳과 정반대 방향인 다시스로 도망가려고 하고 있다. 그런데 정말 이상한 일이 벌어졌다. 요나가 '마침' 다시스로 가는 배를 만난 것이다.

어느 자료에 보니, 그 배는 유람선이 아니라 무역선이라고 한다. 그리고 당시의 배들은 요즘처럼 자주 오는 것이 아니라 필요에 따라서 며칠에 한 번, 심지어는 몇 주에 한 번씩 온다. 그런데 지금 요나가 하나님께 반기를 들고 하나님이 원하시는 길과 정반대의 길로 가려는데 마침 배가 온 것이다. 요즘 말로 하면 정말 대박이다. 요나는 아마 하나님께서도 자신의 선택을 인정하고 지지하신 것이라고 생각했을 것이다.

오늘날 우리가 가지고 있는 너무나 잘못된 생각이 하나 있다. 그것은 일이 잘되고 잘 풀리면 그것을 '하나님의 뜻'이라고 여기는 것이다. 교회가 커지면 하나님이 기뻐하시는 부흥이고, 사업이 잘되면 하나님이 베푸신 축복이라고 여긴다. 이런 생각들 때문에 오늘날 많은 크리스천들이 "꿩 잡는 것이 매다"라는 식의 '결과 지상주의'에 빠져 있고, 때로는 목적을 이루기 위해 편법이나 불법을 동원하는 일들도 벌어지곤 한다. 그렇다 보니 '세상 사람보다 교회 다니는 사람들이 더 하다'는 세상의 조롱을 받게 된 것이다. 교회가 그동안 치우친 복음을 열심히 심은 결과이다.

그러나 하나님의 명령을 거역하고 다시스로 떠나려던 차에 '마침' 다시스로 가는 배를 만나 의기양양하게 그 배에 올라탄 요나는 곧 엄청난 고난에 빠진다.

여호와께서 큰 바람을 바다 위에 내리시매 바다 가운데에 큰 폭풍

이 일어나 배가 거의 깨지게 된지라 욘 1:4

바다 위에서 하나님이 보내신 큰 폭풍을 만나게 된 것이다. 결국 요나는 그 풍랑이 자신 때문에 보내진 것임을 알고 바다 위로 던져지게 된다.

육안(肉眼)으로 보면 3절에서 요나가 '마침 다시스로 가는 배를 만난 것'은 행운이요, 성공이다. 그리고 4절에서 바다 위에서 풍랑을 만나 수치스럽게도 하나님을 믿지 않는 선장에게 책망 당한 후 결국 풍랑의 원흉으로 지목되어 바다 한가운데 던져진 사건은 엄청난 비극이다. 그러나 영안(靈眼)을 열고 보면 오히려 그 비극적인 사건이 잘못된 요나의 선택과 생각을 교정시키는 하나님의 아름다운 축복이다.

하나님 보시기에 축복 vs 내 눈에 축복

이 부분에서 많은 성도들이 헷갈려 하고 있다. 오늘날 교회가 타락하고 변질되어 영안으로 보는 것을 가르치지 않고 그저 눈에 보이는 것에 좋은 대로만 가르치기 때문이다. 그래서 입시철만 되면 고3 수험생 자녀를 둔 학부모들로 교회가 미어터지고, 기도 시간마다 우리 아들, 우리 딸 대학 보내달라는 기도 소리가 하늘을 찌른다.

물론 자녀를 위해 기도하는 것이 나쁜 것은 아니다. 그러나 평소 공부 안 하고 놀기만 하던 아이가 부모의 기도로 찍는 것마다 다 맞아서 갑자기 점수가 오르는 일은 없다는 것이다. 만약 그렇다면 그동안 공부 열심히 한 아이는 뭐가 되겠는가?

청소년 사역을 10년이나 했던 경험을 떠올리며 내가 내린 결론은, 공부 열심히 안 한 아이는 그해에 대학 떨어지는 것이 축복이라는 것이다. 그래야 '아, 인생 법칙이란 노력하지 않으면 안 되는 것이구나. 노력하지 않으면 하나님이 도와주시지 않는구나. 요행 바라듯 교회에 나가서 기도만 한다고 되는 것이 아니구나' 하는 깨달음을 얻을 수 있다. 그런데도 교회 안에 심겨진 엉터리 복음 때문에 고3만 되면 부모들은 교회로 몰려와 우리 아이 좋은 대학 보내달라고 아우성이다. 어른들이 이런 모습을 보이니 우리 아이들이 '교회는 요행을 바라는 곳'이란 인식을 갖게 되는 것이다. 이런 치우친 복음이 교회 안에 너무나 깊이 스며들어 있다.

교회에 십자가가 사라지면 그것은 다 썩은 것이고 부패한 것이다. 입만 살아 있는 교회가 무슨 염치로 전도한다고 나설 수 있겠는가? 우리부터 정신을 차려야 한다. 하나님의 신령한 복을 저급한 육신적인 것으로 전락시켜서는 안 된다. 그렇지 않아도 탐욕적인 인간의 본성에 예수의 이름까지 동원해서 성공을 외치는 우리의 변질된 신앙이 회복되지 않고는 진정한 복음은 없다.

나부터 철저히 회개해야 한다. 내가 오늘날 요나는 아닌지, '마침' 다시스로 가는 배를 만난 것을 하나님의 뜻이라고 동네방네 떠들고 다니며, 반대로 풍랑 좀 만났다고 시험에 빠져서 하나님은 없다고 하나님을 원망하는 것은 아닌지 철저히 돌아보고 깊이 생각해봐야 한다.

복음의 진수는 '마침 다시스로 가는 배'에 기뻐하며 그 배만 바라는 것이 아니라 풍랑 속에서도 눈물 흘리며 감사하는 것, 고통의 광풍 속에서도 하나님 앞에 자신을 돌아보며 '상황이 어떨지라도 내 평안함을 빼앗아갈 수 없다'라고 고백할 수 있는 것이다.

죽음의 공포에서 자유함을 얻는다

둘째, 우리 삶에 십자가가 각인되고 우리가 예수님의 십자가를 묵상하고 실천할 때 일어나는 유익은, 죽음의 공포로부터 자유함을 얻게 된다는 것이다.

시편 기자는 시편 23편에서 이렇게 고백하고 있다.

> 여호와는 나의 목자시니 내게 부족함이 없으리로다 시 23:1

이 고백의 대전제는 하나님과의 관계 회복이다. 여기서 말하는 '부족함이 없다'는 것은 현실적으로 부자 되고 잘 먹고 잘 사는 것을 말하는 것이 아니라, 여호와께서 나의 목자가 되시니 내게 욕구불만이 없다는 뜻이다. 그랬더니 2절부터 5절까지 이 땅에서의 삶이 어땠는가? 여호와께서 푸른 풀밭에 누이시고 쉴 만한 물가로 인도하시기도 했지만, 사망의 음침한 골짜기로 다니기도 했다.

내가 사망의 음침한 골짜기로 다닐지라도 해를 두려워하지 않을

것은 주께서 나와 함께 하심이라 주의 지팡이와 막대기가 나를 안위하시나이다 시 23:4

이것이 무슨 뜻인가? 예수 잘 믿어도 사망의 음침한 골짜기를 다닐 수 있다는 것이다. 예수 잘 믿어도 실패할 수 있고, 예수 잘 믿어도 우리 아들, 우리 딸이 대학에 떨어질 수 있다는 것이다. 그렇다면 예수 잘 믿으면 무엇이 다른가? 비록 환경은 사망의 음침한 골짜기로 다니고 있을지라도 누구에게도 빼앗기지 않는 '평안'이 그 내면에 있다. 그 골짜기가 나를 망하게 할 수 없다는 사실을 확신하는 평안이 내면에 굳건히 자리 잡고 있는 것이다. 이런 평안이 있을 때 우리의 삶에 대해 내릴 수 있는 결론이 무엇인가?

내 잔이 넘치나이다 시 23:5

얼마나 아름다운 고백인가? 이것이 십자가 있는 인생이다. 그러나 성경은 여기에서 끝나지 않는다.

내 평생에 선하심과 인자하심이 반드시 나를 따르리니 내가 여호와의 집에 영원히 살리로다 시 23:6

5절의 동사는 모두 현재형이다. 그러나 6절의 동사는 미래형이다.

이 땅에서의 삶이 '내 잔이 넘치는' 풍성한 삶일 뿐 아니라 장차 이 땅을 떠났을 때에 '영원히 여호와의 집에 살 것'이라는 천국 소망으로 충만한 것이다. 그 소망 때문에 죽음의 공포로부터 참된 자유함을 누리게 되는 것이다.

내 인생이 끝나는 날에 대한 소망

스티브 잡스가 생존해 있을 때, 나는 그가 하는 말 중에 이 한 마디에 큰 감동을 받았다. 그는 한 인터뷰에서 이런 말을 했다.

"무덤에서 가장 부자가 되는 일 따위는 중요하지 않다. 매일 밤 '오늘 정말 놀랄만한 일을 했다'고 말하는 것, 그것이 나에게 중요하다."

정말 멋진 말 아닌가? 그때는 이 말을 들으면서 '그렇지. 죽고 난 뒤가 무슨 소용이야? 날마다 이런 긍지를 가지고 잠자리에 들 수 있다면 얼마나 멋진 일인가? 나도 그런 삶을 살고 싶다'는 생각을 했다. 그러나 막상 스티브 잡스가 죽고 나자 이 말에 대해 다시 생각해보게 되었다. 이런 생각이 들었기 때문이다.

'그렇게 매일 밤 황홀한 성공을 노래하며 잠자리에 들었다 한들, 죽고 나서 갈 곳이 없다면 그것이 무슨 소용이 있겠는가?'

스티브 잡스가 죽던 해 10월, 집회 차 괌에 다녀온 적이 있다. 비행기 안에는 신혼여행을 떠나는 신혼부부들이 정말 많았다. 그때 나는 2주간의 특별새벽부흥회를 마친 직후여서 육신적으로 매우 피곤한 상태였던 데다가 신혼부부들로 가득해 어디다 눈을 둬야 할지 모르겠는

주변 풍경 때문에 아예 눈을 감아버렸다. 게다가 신혼여행에 대한 기대로 들뜬 그들과 달리 나는 놀러가는 것이 아니었다.

괌에 도착해 숙소에 올라가 창문을 여니 아름다운 해변이 한눈에 들어왔다. 그 아름다운 풍경을 바라보며 나는 이렇게 다짐했다.

'나는 이곳에 휴양하러 온 것이 아니다. 밖에 나가 저 아름다운 해변을 걸어보고 싶기도 하고 바다에 발도 담그고 싶지만, 나는 의지적으로 집회 준비만 한다. 나는 놀러온 것이 아니다.'

그러고는 정말 4일 동안 식사 때나 예배 인도하러 갈 때를 제외하고는 숙소 밖으로 한 발자국도 나가지 않았다. 의지를 다해 4일 내내 철저히 갇혀 지냈다. 그렇게 괌에서의 일정을 마치고 마지막 날 저녁 집회가 끝나자마자 새벽 3시 20분 비행기를 타기 위해 공항으로 향했다. 기왕 괌에까지 왔으니 하루 쉬었다 가라는 제안에 잠시 귀가 솔깃했지만, 한국에 돌아가 할 일이 쌓여 있었기에 여유 부릴 시간이 없었다. 그렇게 휴양지로 유명한 괌에 가서 실컷 일만 하다 돌아왔다.

돌아오는 비행기 안에도 역시 신혼부부들이 많았다. 그런데 그때 그 순간이 지금도 생생하게 내 가슴에 남아 있다. 짐이라고는 노트북 하나 달랑 들고 비행기에 탑승하기 위해 긴 복도를 뚜벅뚜벅 걸어가는데, 마음속에 기쁨이 몰려왔다.

'야, 나 집에 간다. 나 집에 간다.'

집에 가봐야 좋을 것 하나 없었다. 창문만 열어도 멋진 풍광이 펼쳐지는 괌과는 달리 빽빽한 건물만 가득하고, 아이들은 정신없이 소리지르며 뛰어다니고 있을 것이고, 내가 도와주어야 할 집안일도 쌓여 있을 터였다. 그런데도 그저 집에 간다는 생각만으로 가슴이 벅차올랐다. 곰의 경치고 뭐고 아쉬운 것 하나 없었다. 그렇게 한참 기뻐하다가 문득 마음에 한 가지 소원이 들었다.

'내 인생이 끝나는 날도 이랬으면 좋겠다.'

비록 이 땅에서 많은 것을 누리고 즐기며 소풍처럼 살지는 못할지라도, 내 삶이 끝나는 날 '나 집에 간다. 사랑하는 우리 주님이 기다리시는 집에 간다'는 마음으로 설렘과 기쁨 가득 안고 이 땅을 떠나가면 좋겠다는 간절한 소원이 생긴 것이다. 이런 생각을 하며 비행기 안으로 걸어 들어가는데 전율이 느껴졌다. 그러면서 하나님께 이렇게 기도했다.

"하나님, 제 인생이 마무리될 때 오늘 같은 기쁨을 주시옵소서. 제 인생이 끝날 때 비참하고 미련이 남아서 눈 못 감고 죽는 인생이 아니라 평안하게 '집에 간다, 집에 간다, 아버지 집에 간다'는 설렘으로 기쁘게 떠날 수 있게 하옵소서."

필요한 것은 딱 하나

사실, 그날 내 평생 처음으로 비행기 일등석을 타보았다. 아무래도 바쁜 일정을 마치고 새벽 시간에 비행기를 이용해야 하니 가능하면 좌석이 편한 것이 좋겠다는 생각이 들어 비행기 마일리지를 이용해 삼등석을 이등석으로 올려서 예약했다. 그런데 카운터에서 일등석으로 바꿔주는 놀라운 일이 있었던 것이다.

일등석에 가보니 자리가 얼마나 넓고 편한지 비행시간이 정말 짧게 느껴졌다. 잠깐 잠이 든 것 같은데 눈 떠보니 벌써 도착할 시간이었다. 그 아쉬운 일등석을 뒤로 하고 비행기에서 가장 먼저 내렸다. 긴 인천공항 복도를 거쳐 입국 심사대 앞에 섰는데, 그 앞에 서니 일등석, 이등석, 삼등석이 필요 없다. 필요한 것은 딱 하나, 비자 찍힌 여권이다. 일등석으로 왔어도 여권이 없으면 못 들어간다. 짐칸에 실려 왔어도 여권만 있으면 들어가는 것이다.

스티브 잡스처럼 이 땅에서 일등석 인생으로 살아가나 아니면 삼등석 인생으로 살아가나, 이 땅에서의 삶은 잠깐이다. 비행기 안에서 눈 깜빡하고 떠보니 벌써 도착해 있었던 것처럼 말이다. 나는 우리 모두가 잠시 편안한 일등석에 앉기 위해 애쓰는 인생이기보다 영원토록 거하는 천국에 들어갈 수 있는 여권을 단단히 소지한 인생, 시편 23편 6절이 있는 인생을 살았으면 좋겠다.

시편 23편을 묵상하면서 인생을 두 종류로 나누어볼 수 있다는 생각이 들었다. 5절까지만 있는 인생, 그래서 이 땅에서는 잔이 넘치고 풍성한데 그것으로 끝인 인생이 있는가 하면, 다른 하나는 6절이 있는 인생, "내가 여호와의 집에 영원히 살리로다"라는 고백이 있는 인생이다. 이런 묵상을 하며 구호 하나를 만들었다.

"살아서는 평강이요, 죽어서는 천국이라!"

우리 모두 이 같은 소망으로 충만한 평강을 누리게 되기 바란다. 이 땅에서 안달복달하며 예수 이름 팔아 성공하고 부자 되기만을 바라는 저급한 크리스천이 아니라, 어떤 상황에서도 "여호와는 나의 목자시니 내게 욕구불만이 없습니다"라고 고백할 수 있는 참된 평강 말이다.

십자가 복음은 지금도 힘이 있다

언젠가 분당우리교회에 유명한 바이올린 연주자인 박지혜 자매를 초청하여 연주를 들은 적이 있다. 한창 잘나가는 연주자인 지혜 자매를 인터넷에 검색해봤더니, 이런 기사가 눈에 띄었다.

"스물여섯 박지혜, 카네기홀 새 시대를 열다."

또 다른 신문에는 이런 기사가 있었다.

"박지혜 씨, 한국인 최초로 미국 카네기홀 시즌 개막 연주회."

그 자매를 초청하기 한 주 전 우연히 옛날 클래식 CD를 살피다가 깜짝 놀랄 만한 편지를 한 통 발견했다. 2008년에 지혜 자매의 어머니가 보낸 편지이다.

"어제도 한 시간 찬양 연주를 올리고 집에 돌아와서 인터넷으로 목사님 설교를 들으며 잠이 든 딸을 보면서 이 편지를 써야겠다는 용기를 냈어요."

지금은 잘나가는 연주자가 되었지만, 독일과 미국에서 공부하는 동안 얼마나 힘이 들었는지 우울증에 빠져 피폐하고 힘든 시기를 보냈다고 한다. 그때 인터넷으로 같은 설교를 틀어놓고 듣고 듣고 또 들었다는 것이다. 그날도 설교를 듣다가 잠든 딸을 보면서 기도를 부탁하기 위해 내게 편지를 보낸 것이다.

우울증에 빠져 삶이 망가질 뻔한 지혜 자매의 삶에 빛을 비춘 것은 십자가 복음이다. 복음은 구닥다리 같은 것이 아니다. 죽은 것도 아니다. 오늘날도 우울증에 빠진 한 음악인을 살려서 정말 아름다운 예술가로 만들어주는 능력이 그 복음 안에 있다. 그것이 우리가 회복해야 할 기본기, 십자가 복음이다.

현재의 삶이 고단하고 광풍 속에 있는가? 처음으로 돌아가기 바란다. 십자가를 다시 바라보기 바란다. 우리 모두 다 그 십자가의 능력으로 잃어버린 평안을 되찾고 회복하는 복을 누리게 되기 바란다. 그런 복을 누릴 뿐만 아니라 시편 23편 6절이 복구되는 인생이 되기 바란다. 그래서 이 땅에서의 삶을 마치고 천국 문을 들어갈 때 이렇게 고백할 수 있었으면 좋겠다.

"제 인생을 돌아보니 예수님이 온전히 인도해주신 인생입니다."

이에 스스로 돌이켜 이르되 내 아버지에게는 양식이 풍족한 품꾼이 얼마나 많은가 나는 여기서 주려 죽는구나 내가 일어나 아버지께 가서 이르기를 아버지 내가 하늘과 아버지께 죄를 지었사오니 지금부터는 아버지의 아들이라 일컬음을 감당하지 못하겠나이다 나를 품꾼의 하나로 보소서 하리라 하고 이에 일어나서 아버지께로 돌아가니라 아직도 거리가 먼데 아버지가 그를 보고 측은히 여겨 달려가 목을 안고 입을 맞추니 눅 15:17-20

CHAPTER 5

그분은 지금도
당신을 기다리신다

애타게 기다리시는 아버지

누가복음 15장에는 소위 '돌아온 탕자'로 잘 알려진 비유의 말씀이 담겨 있다. 예수님이 이 비유의 말씀을 통해 우리에게 주고자 하신 메시지는, 하나님은 오늘도 하나님을 떠나 방황하는 인생을 절박한 심정으로 기다리고 계시다는 사실이다.

내용은 간단하다. 어느 부잣집에 두 아들이 있었는데 둘째 아들이 살아 있는 아버지께 자신에게 돌아올 유산을 미리 요구한다. 그러고는 그 재물을 모두 가지고 집을 떠나 제멋대로 살며 허랑방탕한 생활을 한다. 그는 아버지에게 받은 돈을 다 허비하고 빈털터리가 되어 비참한 생활을 하게 된 다음에야 자신의 잘못을 깨닫고 아버지에게 돌아가기로 결심한다. 아버지를 볼 염치가 없었던 그는 '나 같은 것을 받아주실까? 이제는 아들이 아니라 종으로라도 받아주시기만 하면 좋겠다'는 마음으로 아버지에게로 향했다. 그러니 그 발걸음이 얼마나 무거웠겠는가?

그러나 이런 아들의 걱정과 달리 아버지는 날마다 문 앞에 나가 아들이 돌아오기만을 기다리고 있었다. 저 멀리서 둘째 아들의 모습이 보이자마자 아버지는 달려가 아들을 껴안고 입을 맞추며 송아지를 잡아 잔치를 열고 그 손가락에 가락지를 끼워주었다. 이런 눈물겨운 아버지의 사랑을 돌아온 탕자인 둘째 아들이 경험하게 되었다는 이야기이다. 이 이야기에서 포인트는 딱 하나이다. 바로 '하나님의 사랑'이다. 지금도 여전히 우리를 기다려주시는 아버지 하나님의 사랑 말이다.

하나님의 사랑과 함께 우리가 눈여겨봐야 할 것이 어리석은 둘째 아들의 모습이다. 둘째 아들은 안락하고 소중한 가정을 떠나 삶을 허비하고 허랑방탕한 생활을 한 끝에 비참한 결말을 맞고 난 뒤에야 아버지에게로 돌아갈 생각을 하게 됐다. 얼마나 어리석은 인생인가? 그러나 그처럼 어리석은 둘째 아들의 모습이 오늘날 우리의 모습이다.

인간은 모두 중병 상태

오늘날 우리 인생이 간과하는 것이 두 가지 있는데, 그중 하나는 우리가 심각한 중병 상태에 빠져 있다는 것이다. 세상의 모든 것은 원래 궤도를 이탈하면 문제가 생기게 되어 있다. 물고기의 눈에 파도 너머로 보이는 은은한 모래가 아무리 아름다워 보일지라도, 물고기는 바닷물을 떠나 모래사장에서는 살 수 없는 존재다. 물을 떠나서는 병들어 신음하다가 죽을 수 밖에 없다.

언젠가 신문에서 무척 의아한 제목의 기사를 보았다.

"아! 김 본좌…, 네티즌의 탄식."

'본좌'는 '대가'라는 뜻의 인터넷 용어로, 이 제목은 '김 대가를 향한 네티즌의 탄식' 정도의 뜻이다. 무슨 내용인가 봤더니, 인터넷 세계에서 일명 '야동'의 대가로 불리는 29세의 김 씨가 경찰에 잡혔는데, 그 사람이 잡히지마자 네티즌들이 그의 체포를 안타까워하며 탄식했다는 것이다. 그가 국내에 떠도는 일본 포르노, 음란 영화의 약 70퍼센트 정도를 유포했다고 하니, 그 한 사람으로 인해서 얼마나 많은 이 땅의 청소년들의 영혼이 피폐해지고 오염되었겠는가? 그런데 그런 범죄자가 잡혔는데 왜 네티즌들은 탄식하며 나섰을까?

그가 체포되었다는 기사에 달린 댓글의 대부분이 '석방 운동을 하자. 광화문에 가서 촛불시위를 하자. 김 본좌를 살려주어야 한다'는 등 그를 거의 독립운동 하다 잡힌 영웅이라도 되는 듯 떠받들고 있었다.

수많은 불법 음란 동영상을 유포시킨 죄인에 대한 네티즌들의 미화와 영웅 만들기에 정말 기가 막혔다. 물론 아직은 이런 사람에 대해 박수 치고 옹호하는 사람보다는 개탄하고 비방하는 사람들이 훨씬 많겠지만, 이런 비정상적인 목소리가 점점 커지고 있는 것만은 사실인 것

같다. 정말 우려스러운 일이다.

그런가 하면 통계청이 발표한 '2013 청소년 통계'에 따르면 13세부터 24세 청소년의 58.4퍼센트가 '남녀가 결혼을 하지 않더라도 함께 살 수 있다'고 응답했다. 모 대학신문의 조사 결과에 따르면 무려 80퍼센트의 대학생이 '혼전 동거'에 긍정적인 답변을 했다고 한다. 또한 단순히 재미로 친구를 때리거나 왕따 시키는 학교 폭력도 점점 더 심해지고 있다.

지금 우리 시대는, 특히 청년들과 청소년들은 가치 기준 없이 혼란스러운 상태이다. 누가 이 아이들을 이렇게 혼란스럽게 만들었는가? 바로 어른들이다. 본능에 지배 받는 어른들로 말미암아 아직 어린 청년과 청소년들까지 기준 없는 혼미한 상태를 살아가게 된 것이다. 그들을 준엄하게 꾸짖고 가르칠 어른이 사라져버린 시대이다.

그런가 하면 이토록 혼란스러운 상황에서 정말 많은 사람들이 인생의 허무감에 시달리고 있다. 우리나라 자살률이 OECD 회원국 가운데 1위라는 조사 결과는 이미 여러 번 매체를 통해 보도되었다. 이제는 자살로 죽는 사람의 수가 교통사고로 죽는 사람의 수를 앞지르고 있다고 한다. 자살뿐 아니라 우울증을 비롯한 각종 정신질환이 기하급수적으로 늘고 있다. 대한민국은 지금 정신적인 공황 상태에 빠져 있다.

19세기 중엽, 유럽에서 세속주의가 유행했다. "하나님은 없다. 설령 하나님이 있어도 우리와 상관없다. 우리는 우리의 이성과 능력을 가지고 우리 스스로 이 세상을 헤쳐 나갈 수 있다"는 낙관적인 생각을 가지고 내세가 아닌 현세의 삶을 지향하는 것이 세속주의이다. 눈에 보이는 현실만이 믿을 수 있다고 여기는 것이다.

그러나 한 세기가 지나고 두 세기가 지나는 동안, 하나님 없이도 살 수 있을 것처럼 여겼던 자신감이 무너지고 있다. 경제와 과학이 발달해 인간의 능력으로 얼마든지 헤쳐 나갈 수 있을 것 같았지만, 그렇게 보이는 것은 표면적인 것에 불과할 뿐 정신적, 영적 세계는 지금 심각한 중병으로 고통 받게 되었다.

지금까지 나열한 몇 가지 사례만 보더라도 오늘날 우리가 몸담고 있는 이 세상이 정상이 아니라 중병을 앓고 있다는 사실을 알 수 있다. 왜 이런 일이 일어나는 것일까? 앞에서 언급한 것처럼, 이 같은 현상들은 궤도를 이탈한 존재들에게 필연적으로 나타난다. 바깥세상이 아무리 아름답다고 한들 물고기는 물을 떠나면 병들어 죽을 수밖에 없다.

우리 집에는 아직 어린 세 아이들이 있다. 이 아이들이 장성한 어른이 되었을 때 과연 이 사회가 어떻게 될지, 이 깨끗하고 순결한 아이들을 과연 내가 보호해줄 수 있을지, 그것만 생각하면 마음에 큰 부담감이 밀려온다. 아마도 청소년 자녀를 둔 부모라면 누구나 다 같은 심정일 것이다. 자녀를 키우는 부모들의 이 부담감은 무엇을 말하는가? 그만큼 우리가 살아가고 있는 이 세상이 지금 비정상을 향해 달려가고 있다는 뜻이다. 하나님을 떠난 인생들이 지금 심각한 중병을 앓고 있다는 것이다.

병든 인생을 향한 하나님의 지독한 사랑

그런가 하면 우리 인생이 모르는 또 한 가지, 알지만 무시하고 간과하는 또 다른 한 가지가 있다. 그것은 이런 인생을 향한 하나님의 지칠 줄 모르는 지독한 사랑이다.

탕자의 비유 속에서 지독한 하나님의 사랑, 끈질긴 하나님의 사랑의 세 가지 모습을 발견할 수 있다.

첫째, 자유의지를 허락하신 사랑

본문에 보면 둘째 아들이 아버지에게 철없는 소리를 한다. 자기 몫의 유산을 미리 달라는 것이다. 원래 유산이란 아버지가 돌아가셔야만 누릴 수 있는 것인데, 둘째 아들은 이기적인 마음과 탐욕으로 미리 달라고 조르고 또 졸랐다. 아버지는 아들에게 그 몫을 미리 주면 어떻게 될지 너무도 잘 알고 있었다. 그런데도 아버지는 그것을 허락했다.

인간이 가진 치명적인 결함 중의 하나는, 자기가 겪어보기 전에는 수용하지 않는다는 것이다. 우리 교회 근처에 한 막다른 골목길이 있다. 언젠가 차를 가지고 그 길을 따라가다 보니 막다른 길인 것을 알게 되었다. 그 후에 그 골목길로 들어가려는 차를 보면 "막다른 골목이니 고생하지 말고 돌아가세요"라고 말해준다. 그러나 그 말을 듣고 진짜로 차를 돌리는 사람은 그리 많지 않다. 자기가 가보고 확인해야 돌아오는 것이 인생이다.

하나님은 그런 인간의 속성을 너무 잘 아신다. 아시지만 허용해주시는 것이다. 자기 자식이 이렇게 깨지고 저렇게 깨진 후에야 두 손 들고 돌아올 것을 뻔히 알면서도 허락해주시는 것이다. 이것이 하나님이 우리에게 허락하신 자유의지이다.

하나님은 폭군처럼 우리를 강압적으로 몰고 가시거나 로봇처럼 조종하시지 않는다. 우리에게 스스로 선택할 수 있는 자유의지를 주셨다. 우리가 선택한 그 길이 깨지고 넘어지는 길이라도 하나님은 깨지고 돌아올 때까지 기다려주신다. 사실 이것이 얼마나 비효율적인 일인가? 그러나 하나님은 효율을 강조하는 사업가가 아니시다.

나는 《다빈치코드》라는 소설을 써 예수님을 모욕한 사람이 아직도 살아서 활발하게 활동하는 것이 오래 기다리시는 하나님의 성품을 보여주는 좋은 예라고 생각한다. 만약 그가 예수님이 아니라 이슬람의 알라신을 모욕하는 소설을 썼다면, 그는 벌써 이 세상 사람이 아니었을지 모른다. 온몸에 폭탄을 휘감은 자폭 테러단이 그를 껴안고 같이 죽었을 테니 말이다. 그러나 예수님을 조롱하는 그의 소설과 영화가 전 세계적으로 흥행을 하고 사람들의 입에 오르내리고 있지만 그는 여전히 잘 살아가고 있다.

이것이 하나님의 성품이다. 나는 이런 무례한 자들까지도 당장 참수형으로 다스리지 않으시고 오래 참으시는 하나님의 인내하심이 무척 감사하다. 그 하나님의 오래 참으심의 성품이 방자했던 나 같은 사람도 은혜의 자리로 나올 수 있게 된 원인이 되었음을 잘 알기 때문이다.

둘째, 확신을 가지고 기다리시는 사랑

두 번째로 본문에서 발견되는 하나님 사랑의 모습은 기다려주시되 확신을 가지고 기다려주신다는 것이다.

그 당시 이스라엘의 상속법에 따르면 아들이 둘일 경우 큰아들에게 재산의 3분의 2를, 둘째 아들에게 나머지 재산을 상속하도록 되어 있다. 따라서 둘째 아들이 재산의 3분의 1을 가지고 나간 것으로 추정할 수 있다. 아버지는 그 재산을 다 허비하기 전에는 아들이 돌아오지 않으리라는 사실을 잘 알고 있었다. 그렇게 아들에게 재산을 주어 내보내놓고도 아버지는 매일 문 밖에 서서 아들이 돌아오기를 기다리고 있었다.

이것이 무엇을 의미하는가? 아들이 반드시 돌아온다는 것이다. 이것이 하나님 사랑의 표현이다. 하나님은 우리가 반드시 돌아올 것이라는 사실을 확신하시고 문 밖에 서서 기다리고 계신다.

셋째, 잘못을 추궁하지 않으시는 사랑

그런가 하면 세 번째로 본문에서 발견되는 하나님의 사랑은 과거의 잘못을 추궁하지 않으신다는 것이다. 20절을 보자.

이에 일어나서 아버지께로 돌아가니라 아직도 거리가 먼데 아버지가 그를 보고 측은히 여겨 달려가 목을 안고 입을 맞추니 눅 15:20

나는 여기에서 드러난 '측은지심'(惻隱之心)이야말로 우리를 향한 하나님의 사랑을 그대로 묘사하는 것이라고 생각한다. 아버지는 허랑방탕한 삶을 살다 온 아들을 괘씸하게 여기지 않는다. 소중한 재산을 엉뚱한 데 뿌리고 빈털터리로 돌아온 아들을 배은망덕한 자식으로 여기지 않고 그 인생을 측은히 여기는 마음, 바로 그 측은지심이 주님 품으로 돌아온 많은 사람들이 경험하는 하나님의 마음이다.

주님의 이 측은지심은 나 역시 자주 경험하는 하나님의 사랑이다. 목회를 하다 보면 때론 말로, 때론 행동으로 실수를 할 때가 있다. 특히 성도의 집에 심방을 하다가 자칫 미련한 말을 입 밖으로 낼 때면 그날 하루 종일 얼마나 마음이 상심되는지 모른다. 목회 초기에는 특히 무심코 내뱉은 말 한마디에 얼굴색이 변하는 성도의 모습에 '아차' 싶을 때가 여러 번 있었다. '그 말을 안 했어야 했는데!' 하고 아무리 후회해도 소용없다. 이미 되돌릴 수 없기 때문이다. 이런 일을 겪으면 성도들로부터 직접적인 비난을 받지는 않아도 목사의 양심으로 며칠을 마음 불편한 시간을 보낸다.

그럴 때마다 하나님께서는 새벽에 무릎 꿇는 나에게 "왜 성도들 돌보라고 교회 맡겨놓았더니 사고만 치느냐?"라고 꾸짖지 아니하시고 측은지심의 은혜로 보듬어주시며 치유해주신다. 그 은혜를 경험할 때마다 나는 그저 하나님 앞에 감사의 고백을 올려드릴 수밖에 없다.

누가복음 15장 20절 말미에 보면 아버지가 아들을 측은히 여기며 어떤 태도를 취하는가? 아버지는 아들에게 달려가 목을 안고 입을 맞추었다. 이것이 물론 당시 중동의 풍습이었지만, 누군가 이 부분을 은혜롭게 해석한 글을 읽은 적이 있다. 아버지가 아들에게 입을 맞춘 이유가 죄송한 마음에 할 말이 없는 둘째 아들의 입을 막은 것이라는 것이다. 말 안 해도 괜찮다는 것이다. 내가 다 안다는 것이다. 네가 말하지 않아도 네 마음 내가 다 알고 있으니 괜찮다는 것이다. 과거의 잘못을 추궁하지 않으시는 하나님의 모습을 볼 수 있다.

나는 이 책을 읽는 분들이 어떤 과거를 살았는지 모른다. 어떤 양심의 문제로 괴로워하는지 모른다. 그러나 한 가지 아는 것은, 제대로 살아가지 못하는 우리의 괴로운 마음을 위로하시기 위해 달려와 입맞춰 주심으로 "내가 다 용서해주마. 내가 다 씻어주마. 괜찮다. 네가 돌아오는 것만이 내가 원하는 것이다"라고 말씀하시는 하나님 아버지의 사랑이 지금도 여전히 우리를 향하고 있다는 것이다.

하나님의 사랑을 보는 영적 눈을 떠라

오늘 우리가 사는 이 시대에 일어나는 문제는 대개 사랑받지 못하는 데서 온다. 청소년 문제도 파고들어가 보면 딱 한 가지이다. 사랑받고 싶다는 것이다. 부부간의 모든 문제도 원인은 딱 한 가지이다. 배우자에게 사랑받고 싶다는 것이다. 원하는 것은 사랑받고 싶은 것 하나뿐인데 왜 이렇게 병들어 가는가? 지독하리만치 크신 하나님의 사랑을 바라볼 줄 모르는 영적 무지 때문에 그렇다.

영적인 눈을 떠서 그 하나님의 사랑을 바라볼 수 있어야 한다. 그 사랑을 바라볼 수 있는 눈이 열리는 은혜가 임해야 한다. 그래서 문 밖에 서서 하염없이 기다리고 계시는 하나님 아버지를 만나야 한다. 어릴 때 자주 불렀던 찬송가 중에 하나님의 사랑, 하나님의 심정을 그대로 담고 있는 찬송가가 있다.

> 돌아와 돌아와 맘이 곤한 이여
> 길이 참 어둡고 매우 험악하니
> 집을 나간 자여 어서 돌아와
> 어서 와 돌아오라
> 돌아와 돌아와 (새찬송가 525장)

바로 이것이 하나님의 음성이다. 이 음성이 우리 모두에게 들려지는 은혜가 있기를 정말 간절히 바란다. 그러기 위해서는 우리가 먼저 알아야 할 것이 있다.

우리는 모두 궁핍하다

첫째는 우리는 영적으로 궁핍한 상태라는 것을 자각해야 한다. 탕자가 돌아오게 된 근본적인 이유가 무엇인가?

> 그가 비로소 궁핍한지라 눅 15:14

자기 자신의 궁핍함을 뼈저리게 깨달은 후에야 아버지에게 돌아갈 수 있었다. 우리 모두 내면의 허전함이 영혼의 궁핍함 때문임을 깨달아야 한다. 아내도 있고, 남편도 있고, 자식도 있고, 좋은 직장도 있는데 왜 때때로 이유를 알 수 없는 스산한 바람이 내 마음을 스쳐 가는지, 그것이 바로 하나님을 떠난 인생에게 오는 공허함임을 알아야 한다.

나는 보통 일 년에 두세 번 외국 집회를 가는데, 가면 대접을 잘 받는다. 때로는 시간을 내서 박물관이나 공원 등 그 도시의 유명한 관광지를 구경시켜주겠다고 나를 이끌기도 하고 또 맛있는 식당에서 정성을 다해 대접해준다. 그렇게 하루 종일 잘 보내고 숙소인 호텔에 들어가면, 얼마나 깨끗하게 잘 정리가 되어 있는지 마음까지 쾌적하다. 아이들이 온통 난장판으로 만들어놓는 우리 집과는 비교가 안 된다.

그런데도 호텔방에 누워 있는 내 마음은 허전하다. 자꾸 집 생각이 난다. 집회만 아니면 당장 집에 가고 싶다. 왜 이런 마음이 생기는 걸까? 나그네 인생길에서 돌아갈 집을 그리워하는 것, 또 그곳에 가고 싶어 하는 것은 본능이다.

마찬가지다. 우리가 세상에서 아무리 성공하고 아무리 높은 위치에 있다 하더라도 본향을 향한 갈급한 마음은 지울 수 없다. 그 갈급함과 허전함이 이 땅에서는 우리 영혼이 결핍되어 있을 수밖에 없다는 것을 의미한다는 사실을 자각하기 바란다.

깨달았으면 결단하라

둘째로, 깨달았으면 결단해야 한다. 17절에서 둘째 아들은 어떻게 결단하는가?

> 이에 스스로 돌이켜 이르되 눅 15:17

추상적인 것, 영적인 것, 관념과 생각 속에 머물러 있지 말고 깨달았으면 의지적 표현으로 벌떡 일어나야 한다. 우리가 영적으로 궁핍한 현실, 병든 우리의 모습을 자각하고 하나님 앞으로 돌아가야겠다고 깨닫고 결단하면 어떤 일이 일어나는지 아는가? 아무리 풍성한 물질도, 아무리 아름다운 아내도, 아무리 자상한 남편도 해소해주지 못했던 목마름이 해결되고 마음의 풍요함이 생긴다.

내가 탕자의 비유를 묵상하면서 발견한 또 한 가지 사실은, 우리 하나님이 부자라는 것이다. 그분은 풍요로우시다. 사실, 자기 재산의 3분의 1을 현금으로 만들어 아들에게 건네줄 수 있을 정도의 부자가 어디 있는가? 본문에 나오는 아버지는 둘째 아들이 자기 몫의 재산을 요구하자 3분의 1을 떼어주었다.

그런데 성경을 보면 재산의 3분의 1을 떼어주고도 어려움을 겪은 흔적이 하나도 없다. 이것이 아버지의 성품이다. 그분은 부요하신 분이다. 우주를 만든 하나님이시다. 모든 것을 다 소유하신 분이다. 우리의 육신만 관할하시는 것이 아니라 보이지 않는 내면세계도 다스리시는 분이다. 그 하나님께로 돌아가면, 그 하나님께 붙잡힘을 받으면 이유를 설명할 수 없는 부요가 내 마음속에 차오르게 된다.

이치에 맞지 않는 것이 사랑이다

우리 교회 성도의 딸이 크게 다쳐 의식을 잃고 위중한 상태에 빠진 적이 있었다. 다행히 하나님의 은혜로 그 딸은 의식을 되찾았다. 부모는 딸이 깨어날 수 있다는 사실 하나만으로 크게 기뻐했다. 그런데 워낙 여러 차례의 큰 수술을 받아야 했던 터라 수술비와 치료비가 만만치 않았다. 내가 걱정스러운 마음에 그 어머니에게 "수술비가 많이 나와 어떻게 하지요?"라고 묻자 그 어머니는 조금의 망설임도 없이 이렇게 대답했다.

"목사님, 돈이 문제입니까? 그까짓 돈이야 모자라면 집 팔면 되지요. 집 팔아서도 안 되면 빚을 얻으면 되지요. 우리 딸이 살아났다는데 그 이상 뭘 바라겠습니까?"

나는 그 어머니의 확신에 찬 음성을 들으며 매우 감동했다. 이것이 바로 부모의 심정이며, 우리 아버지의 심정이다. 그 부요한 사랑을 느끼고 경험할 때 우리는 행복해지는 것이다.

많은 사람들이 십자가를 비논리적이라고 말한다. 나도 그것이 무슨 말인지 이해가 간다. 희생이라는 것은 고등한 존재를 위해 저등한 존재가 감수해야 하는 것이다. 우리보다 수천만 배, 아니 그 이상 가치가 높으신 하나님께서 우리를 위해 희생하셨다니 얼마나 이치에 맞지 않는 이야기인가? 그러나 그것이 사랑이다.

자식을 위해 흘리는 부모의 눈물을 과학적으로 분석할 수 있는가? 약간의 수분과 약간의 염분으로 되어 있다고 그 눈물을 분석해낼 수 있는가? 사랑은 원래 논리에 맞지 않는 것이다. 사랑은 원래 논리로 분석해낼 수 없는 것이다. 우리 아버지의 사랑이, 논리에 어긋난 그 지독한 사랑이 우리의 가슴 속에 진하게 새겨지기를 간절히 바란다.

그러므로 우리가 믿음으로 의롭다 하심을 받았으니 우리 주 예수 그리스도로 말미암아 하나님과 화평을 누리자 또한 그로 말미암아 우리가 믿음으로 서 있는 이 은혜에 들어감을 얻었으며 하나님의 영광을 바라고 즐거워하느니라 롬 5:1,2

CHAPTER 6

우리를 택하신 하나님 사랑에
예스로 반응하라

선 택 받 는 기 쁨 , 선 택 받 지 못 한 아 픔

누군가에 의해 선택을 받는다는 것은 참 기쁘고 행복한 일이다. 반대로 선택 받지 못한다는 것은 그만큼 또 마음 아픈 일이다.

언젠가 내가 시무하는 분당우리교회에서 함께 사역할 교역자 모집 공고를 냈더니 생각보다 많은 분들이 이력서를 냈다. 담임목사 입장에서는 감사한 일이지만 소수를 뽑는데 이렇게 많이 지원을 하면 얼마나 많은 사람들이 탈락의 상실감을 갖게 될까 생각하니 마음이 아팠다. 그래서 교회의 교역자 몇 명에게 팀을 구성해서 이력서를 꼼꼼히 살피고 설교도 들어보아 한 치의 오차 없이 신규 교역자 채용을 진행하라고 당부했다. 우리에게는 많은 서류 중의 한 통에 불과하지만 당사자에게는 자기 인생을 걸고 하나님께 기도하면서 낸 이력서일 것이기 때문이다. 그렇게 신중에 신중을 기해서 함께할 교역자를 확정 짓고도 여전히 마음이 쓰였다. 그래서 선택이 안 된 분들의 이력서를 다 가져오게 해서 책상 위에 쫙 펼쳐놓고 살피고 또 살피며 우리 교회에서는 함께하지 못하게 되었지만 가장 적절한 교회로 인도해달라고 간절히 기도했다.

인간처럼 키워지다 버림받은 침팬지

그러다 우연히 내 마음을 흔드는 글을 하나 보았다. 신간소개코너에 실린 《님 침스키》라는 책의 소개글이었다. '님 침스키'(Nim Chimsky)는 침팬지 이름이다. 다들 아는 것처럼 침팬지는 인간과 대단히 가까운 동물로 DNA의 98.7퍼센트가 일치한다고 한다. 이 책은 유인원의 언어능력을 연구하기 위해 일반 가정에 입양되어 인간의 아기처럼 키워진 한 침팬지에 대한 이야기이다.

미국의 언어학자인 놈 촘스키(Noam Chomsky)는 "언어 능력은 인간에게만 존재한다"라고 주장했다. 이 같은 그의 주장에 행동과학자 B. F. 스키너(B. F. Skinner)가 "그렇지 않다. 동물도 잘 가르치면 언어를 습득할 수 있다"고 반박하면서 논쟁이 벌어졌다. 스키너의 제자인 테라스 교수가 스승의 주장을 입증하기 위해 동물실험을 진행하는데, 촘스키의 이름을 조롱할 목적으로 '님 침스키'라고 이름 붙인 침팬지에게 미국식 수화를 가르치는 이른바 '님 프로젝트'였다.

테라스 교수는 태어난 지 2주 된 침팬지 님 침스키를 뉴욕의 한 중산층 가정에 입양시켰다. 그 가정에서 님 침스키는 인간의 아기처럼 키워졌다. 아기 옷을 입히고, 기저귀를 채우고, 포크를 사용하여 스파게티를 먹게 하고, 잘 때는 양치질도 시켜서 아기 재우듯이 재웠다고 한다. 그렇게 인간의 아기처럼 키워진 님 침스키는 생후 2개월이 되었을 때부터 수화를 배우기 시작했다.

침팬지가 얼마나 머리가 좋은지 침스키는 그 가정의 주부를 엄마로 인식했고, 수화를 배워 자기 의사를 표현하기도 했다. 자기가 미안한 짓을 하면 수화로 '미안합니다'라고 사과를 하는 등 침스키의 언어 능력이 계발되고 있는 것처럼 보였다. 그런데 당황스러운 일이 생겼다. 침스키가 커갈수록 침팬지 특유의 난폭한 야생성이 드러난 것이다. 결국 침스키를 맡아 기르던 가정은 그를 내보내기로 결정했고, 침스키가 세 살 되던 해 그는 정들었던 가정을 떠날 수밖에 없었다.

이후 '님 프로젝트'는 컬럼비아대학 소유의 한 별장에서 계속되었다. 그러나 그곳에서도 침스키의 야생성은 점점 더 심해져 한번은 여자 연구원의 얼굴을 심하게 물어뜯기도 했다. 이 같은 상황에서 연구비 확보가 어려워지자 1977년 '님 프로젝트'는 중단을 맞게 되었다. '님 프로젝트'를 진두지휘했던 테라스 교수는 이후에 이런 결론을 내렸다.

"침스키는 언어를 배운 게 아니라 단지 조련사의 행동을 흉내 낸 것뿐이다. 언어는 인간 종을 규정하는 결정적인 특징이다."

그 같은 결론이 의미 있고 흥미롭기도 했지만, 그 과정을 생각하니 너무 마음이 아팠다. '님 프로젝트'에 동원된 님 침스키는 4년 동안 가정집에서 사랑받으며 사람처럼 지내다가 한 번 버림받고, 이후에 옮겨진 연구소에서도 또 한 번 버림받고, 결국 여러 수용소를 전전하며 다른 침팬지들과 똑같이 철장에 갇혀 지내는 신세가 되고 말았다.

한 가지 놀라운 것은 님 침스키의 눈빛이 완전히 바뀌었다는 것이다. 사랑받으며 살 때의 그 생기발랄한 눈빛이 사라져버렸다. 더 가슴 아픈 것은, 꼭 뭔가를 아는 것처럼 뉴욕의 가정집에 입양되어 지내던 시절에 찍었던 가족사진이나 그 시절에 좋아했던 그림책 같은 것들을 소중히 간직하는 태도를 보였다는 것이다. 보통 침팬지들이 50년 정도를 사는 데 반해 님 침스키는 버림 받은 아픔 때문인지 27년밖에 살지 못하고 죽고 말았다. 사람으로 치면 청년에서 장년으로 넘어가는 시기에 요절하고 만 것이다.

이력서를 낸 교역자들을 다 선택하지 못한 마음의 부담감과 사람의 손에 선택되어 가정의 사랑을 듬뿍 받았으나 결국 다시 버림 받아 쓸쓸히 죽어간 님 침스키의 이야기가 계속 오버랩 되면서 한참 동안 내 마음은 무척이나 우울했다.

조건 없이 택하시고 버리지 않으신다

그러다 문득 로마서 5장 1,2절 말씀이 내 머릿속을 스쳤다. 후다닥 자리에 앉아 성경을 펴 그 구절을 다시 읽어보았다.

그러므로 우리가 믿음으로 의롭다 하심을 받았으니 우리 주 예수 그리스도로 말미암아 하나님과 화평을 누리자 또한 그로 말미암아 우리가 믿음으로 서 있는 이 은혜에 들어감을 얻었으며 하나님의 영광을 바라고 즐거워하느니라 롬 5:1,2

이 말씀을 묵상하다 보니, 하나님 앞에서 내가 바로 그 님 침스키와 같은 존재란 사실을 깨닫게 되었다. 침스키가 침팬지로서는 누릴 수 없던 많은 것들을 누리며 인간 가정의 사랑을 받으며 지냈던 것처럼 나 역시 감히 하나님 앞에 나아갈 수조차 없는 존재인데 하나님의 영광의 자리에 들어가 그 영광을 바라고 즐거워하는 놀라운 은혜를 누리고 있는 것이었다.

그런가 하면 분명한 차이점도 있었다. 그것이 무엇인가? 님 침스키는 사랑 때문에 입양된 것이 아니었다. 인간들이 자기 필요에 의해 실험을 목적으로 입양시킨 것이다. 그렇다 보니 님 침스키가 야성을 드러내어 더 이상 자신들의 목적에 부합하지 않자 버리고 만 것이다.

그러나 하나님은 나를 어딘가에 써먹기 위해, 무슨 실험을 하기 위해, 어떤 목적을 가지고 나를 받아주신 것이 아니다. 그저 나를 향한 사랑으로 나를 받아주셨다. 더군다나 침스키를 입양한 가정은 침스키의 야생성을 감수하는 희생을 포기했으나 하나님은 죄성 가득한 나를 결코 포기하지 않으신다. 결정적으로 하나님은 나를 자녀로 입양시켜 주시기 위해 큰 대가를 치르시기까지 했다. 바로 예수 그리스도의 십자가이다. 이 같은 차이 때문에 내가 아무리 하나님을 실망시켜드리고 하나님 뜻에 어긋난 삶을 살더라도 하나님은 그런 나를 버리지 않으시고 끝없는 사랑으로 품어주시고 용납해주신다.

이런 측면에서 보자면, 예수 믿는 사람들이 세상 사람들로부터 욕먹는 것은 어쩌면 다 하나님이 자초하신 일이다. 하나님 이름에 먹칠하는 사람들을 하나님이 냉정하게 벌하시고 버리셨다면 그럴 일이 없었을 것 아닌가? 그랬다면 교회에는 거룩하고 순결한 사람들만 모여 있을 테고, 예수 믿는 사람들이 욕먹는 일도 없을 것 아닌가?

그러나 하나님은 당장 쓰레기통으로 직행할 사람들조차 사랑으로 품어주시고 오래 기다리시며 버리지 않으신다.

하나님 사랑의 결정적 본질

침팬지 님 침스키를 향한 인간의 사랑과 우리를 향한 하나님의 사랑의 결정적 차이인 그리스도의 십자가는 그래서 중요하다.

> 우리가 아직 연약할 때에 기약대로 그리스도께서 경건하지 않은 자를 위하여 죽으셨도다 롬 5:6

이것이 우리 신앙생활의 핵심이다. 우리는 우리의 능력과 자격, 우리의 공로로 하나님의 영광의 자리에 들어간 것이 아니다. 침팬지에 불과한 님 침스키가 뉴욕의 가정에 입양되어 인간 대접을 받았던 것을 생각하면 딱 맞다. 우리는 하나님의 영광에 도저히 어울리지 않는 자들이지만 무한한 하나님의 사랑으로 감히 그 영광의 자리에 들어가게 된 것이다.

> 우리가 아직 죄인 되었을 때에 그리스도께서 우리를 위하여 죽으심으로 하나님께서 우리에 대한 자기의 사랑을 확증하셨느니라
> 롬 5:8

그 사랑의 확증이 우리를 위해 죽으신 예수 그리스도의 십자가이다. 왜 많은 사람들이 십자가를 목에 걸고 다니는가? 생각해본 적 있는가? 생각해보면 십자가를 달고 다니는 것은 사실 위험한 일이다. 십자가가 사형틀이기 때문이다. 사형틀을 목에 걸고 다닌다는 것은 '나는 사형수이다. 나는 죽일 놈이다'라는 뜻밖에 더 되는가?

그러나 예수 그리스도의 십자가 공로를 믿는 우리가 십자가를 달고 다니는 것은, 그것이 로마서 말씀 그대로 하나님이 우리에 대한 그분의 사랑을 확증해주신 증표이기 때문이다.

하나님의 어이없는 명령

요한복음 3장에서 예수님은 하나님의 사랑의 증표인 십자가를 이렇게 설명하신다.

모세가 광야에서 뱀을 든 것같이 인자도 들려야 하리니 이는 그를
믿는 자마다 영생을 얻게 하려 하심이니라 요 3:14,15

여기서 예수님은 자신이 질 십자가의 의미를 구약에 나와 있는 모세가 든 놋뱀에 비유하여 설명하신다. 그 배경에 대해 간단히 설명하면 이렇다. 애굽의 노예로 압제 가운데 있던 이스라엘 백성들은 하나님의 긍휼히 여기심으로 출애굽하게 되었다. 그들은 이제 홍해를 건너 하나님이 예비하신 약속의 땅을 향해 가고 있었다. 그런데 철없는 이스라엘 백성들은 홍해만 건너면 '고생 끝 행복 시작'일 줄 알았는데, 힘든 광야 여정이 계속되자 끊임없이 불평불만을 쏟아냈다.

물론 광야 여정이 많이 힘들었을 것이다. 캠핑 한번만 가 봐도 거친 야외에서 지낸다는 게 쉽지 않다는 걸 알 수 있다. 그러나 상식적으로 한번 생각해보자. 그런 불편한 여정을 만나면 어떻게 받아들여야 하는가?

"우리는 이곳에서 천년만년 눌러 살 것이 아니다. 우리에게는 하나님이 약속하신 땅 가나안이라는 목표가 있다. 지금 이 고생을 견뎌내면 젖과 꿀이 흐르는 가나안 땅이 우리를 기다리고 있다!"

이렇게 목표의식을 가지고 힘을 내며 전진해야 하는 것 아닌가? 사람에게 꿈과 목표가 뚜렷하면 현실의 어려움을 견뎌낼 힘이 생긴다. 반대로 꿈이 없기 때문에 현실이 죽을 지경인 것이다. 게다가 이스라엘 백성들은 그 고된 광야길을 하나님을 의지하는 훈련의 시간으로,

하나님을 더 붙잡고 갈망하는 은혜의 시간으로 활용해야 했다. 그러나 그들은 하나님을 원망하고 대적하며 차라리 애굽의 노예로 살 때가 좋았다고 하면서 패역을 부렸다.

그런 가운데 민수기 21장을 보면, 이스라엘 백성들은 그 같은 불신앙과 불순종의 결과로 불뱀에 물려 광야에서 다 죽게 되었다. 모세는 하나님 앞에 범죄하여 죽어가는 이스라엘 백성들을 위하여 간절하게 기도드렸고, 모세의 기도에 하나님께서는 한 가지 조치를 취해주시는데, 그것이 상식적으로 납득이 잘 안 가는 조치였다.

여호와께서 모세에게 이르시되 불뱀을 만들어 장대 위에 매달아라 물린 자마다 그것을 보면 살리라 민 21:8

정말 어이없는 조치 아닌가? 지금 불뱀에 물려 온몸에 독이 퍼지면서 죽어가고 있는데, 뱀 모양을 만들어 장대에 달아놓고 그것을 바라보면 살 것이라니 무슨 어린아이 장난 같지 않은가? 차라리 어떤 이를 찾아가 치료를 받으라거나 해독초를 구해 먹으라는 지시를 내렸으면 쉽게 수긍했을 것이다. 그런데 그 다음에는 더 어이없는 내용이 나온다.

모세가 놋뱀을 만들어 장대 위에 다니 뱀에게 물린 자가 놋뱀을 쳐다본즉 모두 살더라 민 21:9

진짜로 놋뱀을 만들어서 쳐다봤더니 다 살았다는 것이다. 사실 이런 이야기들 때문에 성경을 믿기 힘들어하는 사람들이 있다. 맹독으로 죽어가는 사람들에게 놋뱀을 만들어 쳐다보라고 하더니, 이젠 한술 더 떠서 그것을 본 사람들이 진짜로 살아났다는 것 아닌가? 쉽사리 믿어지는 이야기는 아니다. 아마도 예수님을 아직 모르는 사람들은 "이런 유치한 이야기를 믿다니, 예수 믿는 사람들은 제정신이 아니야"라고 생각할지 모른다.

놋뱀에 담긴 하나님의 배려

사실 나도 예수님을 인격적으로 만나기 전에는 그렇게 생각했다. 성경을 읽다가 "누가 성경을 이렇게 만들었어? 이러니 사람들이 안 믿지" 하고 어이없어 하기도 했다. 이렇게 인간의 경험 세계와 상식에 갇혀 이 사건을 바라보면 이것은 그저 어이없고 이해 안 가는 이상한 이야기에 불과하다.

그러나 우리가 생각의 범위를 조금만 넓혀서 영적인 눈으로 바라보면, 여기에 우리를 향한 하나님의 매우 중요한 배려가 담겨 있다는 사실을 깨닫게 된다. 그것을 두 가지로 설명할 수 있다.

첫째, 비합리적이지만 실현 가능한 요구

하나님은 왜 놋뱀을 만들어 쳐다보라고 했을까? 그 명령에는 지금 불뱀에 물려 죽어가고 있는 사람들을 향한 하나님의 깊은 배려의 마음이 담겨 있다. 그것 외에는 할 수 있는 게 없는 인생을 불쌍히 여기신 하나님의 배려인 것이다.

이것이 무슨 말인가? 이런 상황에서 모두에게 상식적으로 쉽게 받아들여질 만한 해결책은 "깊은 골짜기로 들어가 해독초를 캐서 달여 먹어라"라든가 "어디에 가면 용한 의원이 있으니 그를 찾아가 그에게 몸을 보이고 치료를 받아라"와 같은 것들일 것이다. 놋뱀을 만들어 쳐다보라는 것보다는 훨씬 합리적으로 들리지 않는가?

그런데 합리적이면 뭐하는가? 지금 당장 온몸에 독이 퍼져 죽어가는 사람에게는 불가능한데 말이다. 만약 하나님이 정말로 깊은 골짜기로 들어가 해독초를 캐 먹으라고 하셨다면, 그것은 죽으라는 말과 같다. 그렇기 때문에 죽어가고 있는 그들에게 '놋뱀을 쳐다보라. 그리하면 살리라'는 해법을 주신 것은 그야말로 그들을 향한 하나님의 최선의 배려였다. 온 몸이 마비되어 아무것도 할 수 없던 그들이었지만, 그들 안에 그 말씀을 주신 하나님을 향한 믿음만 있다면 순종하여 고개를 들고 놋뱀을 쳐다보는 일은 행할 수 있었기 때문이다.

둘째, 하나님에 대한 신뢰를 회복하라
하나님이 놋뱀을 쳐다보라는 이상한 요구를 하신 또 하나의 이유는, 그것을 통해 이스라엘 백성들의 불신앙을 교정하고 하나님 자체에 대한 믿음과 신뢰를 회복하라는 뜻이다.

나에게 누군가 지극히 상식적인 이야기를 한다면 내가 그 사람을

군이 신뢰하지 않더라도 그 사람의 말을 믿을 수 있다. 그러나 전혀 믿을 수 없는 말을 한다면 그 말을 하는 사람에 대한 신뢰가 없을 경우 믿기는커녕 그 말 자체를 들으려 하지도 않을 것이다.

예를 들어, 내가 몸이 몹시 아픈데 전문 사기꾼이 "어서 병원에 가봐라. 그러면 나을 것이다"라고 말한다면 내가 그 사람의 인격을 믿지 않더라도 그 사람의 말은 믿을 수 있다. 그 말에 신빙성이 있기 때문이다.

그런데 반대로 내가 차를 타고 지나가는데 어떤 사람이 다급하게 다가오더니 "지금 빨리 강남역으로 가보세요. 거기에서 천만 원짜리 텔레비전을 선착순으로 나눠주고 있어요"라고 말한다면 어떻게 하겠는가? 내가 그 말 듣고 차를 돌리겠는가? 그렇지 않다. 그 이야기를 어떻게 믿을 수 있겠는가? 하지만 그 이야기를 하는 사람이 내가 평소에 존경하며 믿고 따르는 어떤 분이라면 어땠을까? 당연히 믿는다. 그 말의 내용은 믿기지 않지만, 그것을 전하는 사람의 진실된 인격을 신뢰하기 때문이다.

지금 이스라엘 백성에게 하나님이 요구하시는 것이 바로 이것이다. 다 죽어가고 있는 상황에서 내 상식과 경험으로는 놋뱀을 아무리 쳐다본들 살 수 없을 것 같지만 그 상식을 벗어난 하나님의 요구가 있을 때, 그럼에도 불구하고 그 하나님에 대한 온전한 신뢰가 있다면 그런 믿기 어려운 요구조차 행할 수 있는 능력이 나온다. 하나님은 지금 그 믿음의 능력을 회복하라는 것이다.

사실, 여기서 놋뱀이라는 도구 자체는 아무 의미가 없다. '놋뱀'이

중요한 것이 아니라 '놋뱀을 쳐다보라'고 명시하시는 하나님 말씀에 순종하는 태도가 중요한 것이다. 오늘날 기독교 타락의 근본 원인이 무엇인지 아는가? 오늘날 기독교의 변질은 놋뱀을 쳐다보라는 하나님의 말씀에는 관심이 없고, 그 놋뱀 자체를 대단하게 보는 데서 기인한다. 하나님의 인격에 대한 신뢰에는 점점 관심이 없어지고 '누가 방언을 하고, 예언을 하고, 병을 고친다'고 하는 결과에만 관심을 갖는 것이 오늘날 기독교가 당면한 심각한 변질이다. 교회가 온전히 교회가 되려면 하나님 말씀의 권위가 세워지고 하나님 자체에 대한 신뢰와 믿음이 회복되어야 한다. 하나님 그분에 대한 신뢰를 가지고 그분 말씀에 순종하는 순종의 태도가 필요하다.

Let me help you?

이처럼 '장대 위에 달린 놋뱀을 쳐다보라'는 하나님의 명령 안에는 아무것도 할 수 없는 무력한 인간을 향한 하나님의 무한한 사랑과 배려가 담겨 있다. 그와 마찬가지로 예수님이 지실 십자가 안에는 인간이 가진 지식이나 논리로는 담겨지지 않는 무한한 하나님의 사랑의 표현이 담겨 있다. 그것이 요한복음 3장에서 예수님이 자신이 지실 십자가를 구약의 '장대 위에 매달린 놋뱀'에 비유하시는 까닭이다.

지금도 하나님께서는 자신의 짧은 지식과 경험만을 가지고 이 십자가 사랑을 거부하는 사람들을 향해 애타게 호소하고 계신다.

'너의 선입견과 편견으로 인하여 닫힌 너희 마음의 문을 열어다오.

마음을 열고 십자가를 바라보기만 하면 너희는 살 수 있단다.'

미국 사람들이 자주 사용하는 표현 가운데 "Let me help you?"가 있다. 예를 들어, 주변에 무거운 짐을 들고 가는 여성이 보이면 다가가서 "Let me help you?"라고 물어본다. 그 말은 "내가 좀 들어줘도 될까?"라는 뜻의 호의가 담긴 말이다. 이 말을 우리말로 직역하면 이렇다.

"내가 당신을 도울 수 있도록 해주시겠습니까?"

나는 이 말에 하나님의 사랑이 담겨 있다고 생각한다. 하나님께서 우리에게 이렇게 묻고 계신 것이다.

"Let me help you?"

"내가 너를 도와주고 싶은데, 내가 널 도울 수 있게 허락해주지 않을래?"

우리의 인격을 존중히 여기시는 하나님이 지금 우리에게 이렇게 묻고 계신다. 하나님이 내미신 이 구원의 손길 앞에서 내 상식과 선입견에 갇혀 하나님의 도우심을 거절한다면 얼마나 안타까운 일인가?

'사랑의 원자탄'으로 알려진 손양원 목사님은 자기의 두 아들을 죽인 원수를 양자로 삼으신 분이다. 손 목사님이 돕지 않았다면 그는 아마 사형을 받았을 것이다. 손 목사님은 그리스도의 사랑에 녹아 정신없이 뛰어다니며 탄원서를 제출하여 자기 아들을 죽인 원수를 살려냈을 뿐 아니라 '안재선'이라는 그의 이름을 '손재선'으로 바꿔 자기 호적에 올려 아들로 입양했다.

그런데 참으로 안타까운 일은 손양원 목사님의 그토록 놀라운 사랑을 받았던 안재선 씨는 죽을 때까지 불행하게 살았다는 것이다. 손 목사님이 자기 두 아들을 죽인 장본인인 자신을 용서하고 사형당하지 않도록 백방으로 뛰어다니며 애를 써주고 아들로 삼아 사랑과 호의를 베푸는 동안 안재선 씨는 할 것이 아무것도 없었다. 그저 그 놀라운 사랑에 감격하고 감사하며 받아서 누리면 되었다. 그런데도 그는 그 사랑을 누리지 못하고 평생을 죄책감에 사로잡혀 죽는 그 순간까지 불행했다고 한다. 얼마나 안타까운 일인가?

그런데 바로 이 모습이 우리의 모습이다. 하나님은 끊임없이 우리에게 이렇게 묻고 계신다.

"Let me help you?, 내가 널 도울 수 있게 허락해줄래?"

우리가 할 것은 아무것도 없다. 그저 이스라엘 백성들이 놋뱀을 쳐다보기만 했는데도 구원을 얻었던 것처럼, 우리는 그저 그 물음에 응하기만 하면 된다. 안재선 씨가 손양원 목사님의 상식을 뛰어넘는 그 놀라운 사랑의 품에 안기기만 하면 되었던 것처럼, 우리도 아버지의 사랑을 받아 누리기만 하면 된다. 그런데 그것을 안 하고 있는 것이다.

꿈꾸지 않으면 사는 게 아니야!

최근에 만난 한 자매를 통해 큰 감동을 받았다. 그 자매는 공황장애와 우울증으로 자살 충동을 수차례 느끼며 실제로 자살 시도까지 했던 절망적인 상황에 빠져 있었다. 그녀의 표현대로 하면 '자기는 이미 죽은 목숨'이었다고 한다.

절망적인 상황에 빠져 있던 그 자매에게 기적처럼 하나님의 음성이 들려왔다. 하나님께서 "내가 너와 함께하니 두려워하지 말라!"는 영적 메시지를 들려주시며 그녀를 살려주셨다. 자살 충동이 사라진 것은 물론 그토록 자신을 괴롭혔던 공황장애와 우울증도 깨끗이 나았다고 한다. 그러면서 감격에 차 자신의 지난 이야기를 들려주었다.

그 자매에게는 너무나 마음 아픈 과거가 있었다. 새엄마에게 학대를 당하며 성장했던 것이다. 자매가 어릴 때 부모님이 이혼하셨고, 초등학교 1학년 때 아버지가 재혼해서 새엄마를 만나게 되었다. 그런데 자매가 묘사하는 새엄마의 악한 이미지는 정말 상상을 초월한다. 그 병아리 같은 어린아이를 얼마나 학대했는지, 화가 나면 아이를 눕혀 놓고 화가 풀릴 때까지 때리고, 입에 담을 수 없는 저주를 퍼붓고, 어떨 때는 자고 있는데 아무 이유 없이 때리기도 했다고 한다. 자매가 그 말을 하며 "왜 제가 자고 있는 모습까지도 미웠을까요?"라며 눈물을 흘리는데 정말 가슴이 아파 해줄 수 있는 말이 없었다.

초등학생인 어린아이가 견딜 수 없는 학대를 당하고 있는데도, 그 마음이 얼마나 여리고 착한지 아빠에게는 한마디도 하지 않았다고 한다. 이제 겨우 재혼하신 아빠가 자기 때문에 또 이혼하면 어떻게 하느냐는 생각 때문이었다.

그런데 놀랍게도 그런 절망적인 상황에 처해 있던 그 어린아이의 캄캄한 인생 안으로 복음의 빛이 들어갔다. 그 아이가 교회에 다니기 시작했고, 그 어린 영혼 안에 믿음이 생긴 것이다. 그때부터 어린 자매는 놀라운 기도제목을 가지고 기도하기 시작했다.

"하나님, 제가 왜 가정에서 이런 아픔을 겪어야 되는지 잘 모르겠습니다. 왜 제게 이런 고통이 있어야 하나요? 그런데 하나님, 저 행복해지고 싶어요. 가정에서 행복해지고 싶습니다. 그러니 하나님이 좋은 남편 만나게 해주세요."

아직 어린 그 자매가 하나님 앞에 꿈과 소원을 가지고 기도하기 시작한 것이다. 지금은 가정 안에서 학대를 당하며 고통 가운데 있지만, 하나님이 다시 자신의 인생을 가정 안에서 회복시켜주실 것이라는 꿈을 가지고 기도하기 시작한 것이다. 그날 자매는 눈물을 머금은 눈으로 이렇게 말했다.

"목사님, 그 기도제목이 기적처럼 이루어졌어요!"

자매가 소원을 가지고 기도했던 대로 정말 좋은 남편을 만난 것이다. 들어보니 아내의 연약함을 세심하게 이해해주고 품어주며 사랑해주는 정말 인격적인 남편을 만났다. 그 자매는 울면서 이렇게 고백했다.

"목사님 제가 지금 얼마나 감사한지 몰라요. 얼마나 행복한지 몰라요. 제 어릴 때 그 기도가 응답이 됐어요."

〈꿈꾸지 않으면〉이라는 노래가 있는데, 그 가사가 이렇다.

꿈꾸지 않으면 사는 게 아니라고
별 헤는 맘으로 없는 길 가려네

사랑하지 않으면 사는 게 아니라고
설레는 맘으로 낯선 길 가려 하네

그 자매가 꼭 이 가사 같은 삶을 구현해냈다. 신앙생활은 오늘 예수 믿고, 오늘 부자 되고, 오늘 건강해지는 그런 일차원적인 것이 아니다. 육(肉)이 힘들 때 영(靈)이 회복되는 것, 현재의 광야길을 걸어갈 때 하나님이 가나안을 볼 수 있는 눈을 뜨게 해주는 것, 그래서 절망적인 현실에서도 무너지지 않고 꿈꾸며 살아가게 하는 것이 신앙생활이다. 그 힘이 복음의 핵심이다.

상처와 거절감을 거절하라

그런데 그 자매와 대화하면서 정말 마음이 아팠던 것이 하나 있었다. 물론 그렇게 학대당하며 지냈던 것도 마음이 아팠지만, 그보다 더 마음이 아팠던 것은 그 자매 안에 있는 정죄감이었다. 한참 이야기를 나누는데, 그 자매가 이런 말을 했다.

"목사님, 제가 어릴 때 잘못한 게 없다고 말씀해주세요. 목사님, 저는 잘못한 게 없잖아요? 저는 잘못하지 않았어요. 목사님, 그렇게 말씀해주세요."

확인받고 싶은 것이다. 어린 시절 자신이 잘못해서 그렇게 학대당한 것이 아니라는 사실을 말이다. 자신이 이해할 수 없거나 감당하기 힘든 학대를 당하면 어린아이들은 보통 이렇게 생각한다고 한다.

"내가 잘못해서 이런 고통을 당하는 거야. 내가 나쁜 아이야."
그런 자매에게 나는 이 말씀을 들려주었다.

그러므로 이제 그리스도 예수 안에 있는 자에게는 결코 정죄함이 없나니 이는 그리스도 예수 안에 있는 생명의 성령의 법이 죄와 사망의 법에서 너를 해방하였음이라 롬 8:1,2

지금도 사탄은 우리에게 상처를 남기고 아픔과 거절감을 심어주면서 하나님 아버지의 사랑을 있는 그대로 누리지 못하게 만든다. 내가 우리 교회에 이력서를 낸 그 젊은 교역자들을 왜 그렇게 안타까워했겠는가? 현실적으로 인원이 제한되어 있기에 선택할 수 없었던 것뿐인데 사탄은 그것을 이용하여 그 마음에 '나는 거절당했다. 나는 자격이 없다'는 거절감을 심어줄 수 있기 때문이다. 그러나 그것은 사탄의 교활한 공격이지, 하나님의 메시지가 아니다.

오늘날 얼마나 많은 사람들이 그 영혼을 사탄에게 사로잡힌 채 "나는 사랑받을 자격이 없어. 남편도 사실은 나를 사랑하지 않을 거야"라는 거절감 속에서 살아가고 있는가?

때로는 나 역시 그런 거절감에 마음이 상할 때가 있다. 유치하지만 가끔은 아내가 남편인 나는 사랑하지 않고 아이들만 사랑하고 있다는 생각이 들면서 그럴 때는 제 엄마 품에 안겨 있는 막내아들이 부럽기까지 하다. 물론 자주 그런 거절감에 시달리는 것은 아니지만, 사탄은 끊임없이 작은 틈을 노려 우리 안에 있는 거절감을 부추기고 자극한다.

공허함 속에 들리는 하나님 음성

어느 날, 내 트위터 계정으로 어떤 분이 사진 하나를 보내왔다. 그 사진을 보고 가슴이 먹먹해지는 아픔을 느꼈다. 한 아이가 바닥에 그려진 엄마 품에 안겨서 웅크리고 자는 모습을 찍은 사진이었다. 그 사진에는 이런 설명이 달려 있었다.

"인도의 고아원에 있는 작은 소녀가 엄마 품에서 자고 싶어 바닥에 엄마의 모습을 그려놓고 살며시 한가운데 누웠다네요."

그 사진을 보고 얼마나 먹먹함을 느꼈는지 모른다. 나중에 그 사진이 실제가 아니라 어느 사진작가가 의도적으로 연출한 사진이라는 말도 들었지만, 나는 어느 사람의 말이 진짜인지 알지 못한다. 다만 나는 한 가지는 알고 있다. 외로운 이 시대를 사는 우리 현대인들은 그 사진 속에 나오는 어린아이처럼 누군가에게 안기고 싶은 갈망을 가지고 있다는 것이다.

좋은 남편, 좋은 아내, 좋은 직장, 좋은 가정이 있는데 왜 우리는 하루 일과가 끝나고 잠자리에 들 때면 마음에 허전함을 느끼는가? 왜 가을만 되면 그렇게 마음이 스산해지고, 해가 바뀔 때면 울적해지는가? 우리에게 영혼이 없다면 그런 일이 왜 일어나겠는가? 우리에게 영혼이 없이 육신만이 전부라면, 이생의 삶이 온전히 끝이라면 이 땅에서 잘 먹고 잘 살면 그것으로 완전한 행복을 얻을 수 있어야 하는 것 아닌가?

우리 마음에 울리는 이 같은 공허함은 영적인 메시지이다. 하나님이 우리 마음에 들려주시는 메시지이다. 그러니 마음이 공허해질 때면 이렇게 의역해서 듣기 바란다.

"Let me help you? 지금 너는 행복하니? 그렇게 부자로 살아서 행복하니? 좋은 남편, 좋은 아내 만나 사랑 받으며 살아서 네 영혼이 만족스럽니?"

아무리 모든 것을 다 갖추고 살더라도 우리 내면에는 여전히 뻥 뚫린 마음 하나가 있다. 그 마음은 하나님 자리이다. 하나님 아버지로만 채워지는 자리이다. 그러니 나그네 인생길 가운데 공허하고 이유를 알 수 없는 마음의 허무가 밀려올 때는 꼭 하나님의 음성으로 듣기 바란다.

"Let me help you?"

당신 마음에 속삭이시는 하나님의 음성이다. 그리고 하나님의 그 사랑의 초청에 거절하지 말고 응답하는 우리 모두가 되기를 간절히 바란다.

우리는 예수 그리스도에 대해서 둘 중 하나를
선택할 수밖에 없다. 버리거나 취하거나 둘 중의 하나이다.
중간은 없다. 내 뜻에 맞게 변형시켜서 취할 수 없다는 뜻이다.
교회 안에 보면 믿음이 좋은 사람, 믿음이 덜 좋은 사람이
있는 것처럼 보이지만, 엄밀히 말하면 딱 둘 중의 하나이다.
예수님을 내 인생의 주인으로 취한 사람,
취하지 않은 사람 둘 중의 하나인 것이다.

PART
03

늘 새로운 처음마음으로
주와 동행하라

나아만이 이에 말들과 병거들을 거느리고 이르러 엘리사의 집 문에 서니 엘리사가 사자를 그에게 보내 이르되 너는 가서 요단 강에 몸을 일곱 번 씻으라 네 살이 회복되어 깨끗하리라 하는지라 … 나아만이 이에 내려가서 하나님의 사람의 말대로 요단 강에 일곱 번 몸을 잠그니 그의 살이 어린 아이의 살같이 회복되어 깨끗하게 되었더라 왕하 5:9,10,14.

CHAPTER 7

내 생각 대신
하나님 생각으로 덧입으라

나아만 장군의 은밀한 고민

구약성경 열왕기하 5장에 등장하는 나아만은 오늘날 시리아에 해당하는 아람의 군대장관이었다. 요즘으로 치면 국방장관에 해당하는 고위직의 사람이었다. 성경은 그가 큰 용사였고 담대한 사람이었다고 기록하고 있다.

나아만 장군은 전쟁을 승리로 이끌어 그 능력을 인정받은 사람이었다. 위로는 왕의 절대적인 신임을 받고 있었고, 아래로는 모든 백성에게 존경과 신뢰를 받았다. 남부러울 것 없는 성공한 사람이었다. 그러나 그에게는 남모르는 심각한 고민이 하나 있었다.

아람 왕의 군대 장관 나아만은 그의 주인 앞에서 크고 존귀한 자니 이는 여호와께서 전에 그에게 아람을 구원하게 하셨음이라 그는 큰 용사이나 나병환자더라 왕하 5:1

공동번역은 이 부분을 이렇게 기록한다.

시리아 왕의 군사령관으로 나아만이라는 사람이 있었는데, 그는 왕이 매우 아끼는 큰 인물이었다. 야훼께서 나아만을 들어 쓰시어 시리아에 승리를 안겨주셨던 것이다. '그러나' 그는 나병환자였다.

이처럼 나아만 장군은 모든 것을 다 갖춘 소위 '성공한 사람'이었지만, 그를 묘사하는 문장 끝에 붙은 접속사 '그러나'로 이어지는 짧은 마지막 한 문장이 그의 성공적인 삶을 다 망가뜨렸다.

나는 이 장면을 이렇게 상상해보았다. 나아만 장군이 멋진 갑옷을 입고 아름다운 투구를 쓰고 행차하면 모든 사람이 그 앞에 머리를 조아린다. 그들은 모두 나아만 장군의 인생을 찬탄하며 그 앞에 머리를 조아리고 있다. 그런 아름다운 모습이 연출되는 바깥상황과 달리 갑옷으로 싸여 있는 나아만 장군의 몸은 나병으로 썩어가고 있었기에, 나아만 장군은 마음껏 웃지도 못하고 있다. 안과 밖의 사정이 전혀 다른 이중적인 모습이다.

이 시대의 나아만들

나는 나아만 장군의 이중적인 모습이야말로 이 시대를 살아가는 우리 현대인들의 모습이라고 생각한다. 오늘날 우리는 행복한 가정의 가장으로, 아내와 엄마로, 번듯한 직장인으로 저마다 그럴듯한 모습으로 이 땅을 살아가고 있지만, 우리 내면 깊은 곳에는 누구에게도 말할 수 없는 깊은 고민과 고뇌가 있지 않은가?

요즘 빈번하게 들려오는 소식이 연예인이나 정재계 유명 인사들의 자살 소식이다. 그들은 누가 봐도 화려한 삶을 살아가던 성공자들이었다. 그런 그들이 그토록 화려한 인생을 접어두고 왜 자살이라는 극단적인 선택을 했는지 그 이유는 알지 못한다.

그러나 한 가지 확실한 것이 있다. 그들의 겉모습이 아무리 화려했을지라도 그 화려함 이면에는 나아만 장군같이 누구에게도 말할 수 없는 깊은 고뇌와 아픔이 있었을 것이라는 사실이다. 그리고 또 하나 확실한 것이 있다. 지금 이 땅을 살아가는 대부분의 현대인들은 경중(輕重)의 차이는 있을지 몰라도 누구나 비슷한 상황 속에 놓여 있다는 것이다.

나는 비교적 중산층과 부유층이 모여 산다고 하는 강남에서 10년 동안 사역했다. 겉으로 보기에는 부러운 인생들이 얼마나 많은지 모른다. 좋은 학벌, 좋은 직장, 아름다운 아내, 멋진 남편, 속 안 썩이는 착한 자녀들까지 모든 것을 다 갖추고 사는 모습을 보면 그들은 선택받은 사람들 같아 보였다. 그러나 그것은 어디까지나 껍데기에 불과했다. 그 내면을 들여다보면 누구에게도 말할 수 없는 상한 마음과 깊은 고민이 있다는 사실을 알게 된다.

그러면서 또 하나 발견한 것은, 이 땅을 사는 모든 인생들은 너 나 할 것 없이 누구나 나아만 장군이 가지고 있었던 '그러나'의 불행한 꼬리표를 하나씩은 다 달고 산다는 것이다. 남들이 보기에 아무리 모든 것을 다 갖추고 부러울 것 없이 사는 사람도 이 범주에서 예외는 없다.

죄 때문이다

그렇다면 우리는 왜 우리 인생을 망쳐놓는 '그러나'의 꼬리표를 평생 달고 살아야 하는가? 성경은 그 이유에 대해 단호하게 말한다. 우리 안에 있는 죄 때문이다. 교만으로 인해 하나님을 멀리 떠났던 인간의 죄로 말미암아 생긴 비극이라는 것이다. 이사야서 57장 21절에 이런 말씀이 기록되어 있다.

> 내 하나님의 말씀에 악인에게는 평강이 없다 하셨느니라 사 57:21

아무리 화려한 껍데기로 둘러싸여 산다 할지라도, 아무리 그럴듯한 갑옷과 투구로 온몸을 휘감고 산다 할지라도 그 내면에 흐르는 영적 나병환자로서의 문제를 해결하지 않으면 우리는 결단코 이 땅에서 본질적인 행복을 누릴 수 없다. 이것이 성경이 진단하는 인간관이다.

그러나 다른 한편으로 우리 인생에 찾아오는 고통에 부정적인 측면만 있는 것은 아니다. 하나님이 우리 인생에 고통을 허용하실 때는 이유가 있다. 마치 나아만 장군에게 내면 깊은 고민과 살이 썩어가는 아픔이 있었기에 그가 하나님의 능력을 체험하기 위해 스스로 이스라엘 땅으로 갈 수 있었던 것처럼 말이다. 그에게 내면 깊은 곳의 고민과 살이 썩어가는 아픔이 없었다면, 스스로 이스라엘 땅으로 갔을 리 만무하다. 이처럼 때로는 고통이 우리에게 축복이 될 수 있다.

물론 모든 사람의 모든 고통이 다 축복이 되는 것은 아니다. 그렇다면 우리의 고통이 축복이 되려면, 그래서 진정한 삶의 행복을 회복하기 위해서는 무엇을 어떻게 해야 하는가? 나아만 장군의 경우에 빗대어 몇 가지로 살펴보자.

첫째, 변화의 계기를 기대하라

우리 삶에 저주처럼 따라다니는 '그러나'의 꼬리표가 '그럼에도 불구하고'의 꼬리표로 바뀌기 위해서는 먼저 우리에게 변화에 대한 기대감이 있어야 한다.

나병으로 남모를 고민에 빠져 있던 나아만 장군에게 어느 날 갑자기 그 인생의 터닝 포인트가 이루어지는 계기가 마련된다. 예전에 이스라엘과의 전쟁 중에 포로로 잡혀온 나이 어린 여자아이가 나아만의 집에 하녀로 있었는데, 그 아이가 주인의 병을 안타까워하며 이런 말을 했다.

"사마리아에 제가 믿는 하나님을 섬기는 선지자가 있는데, 우리 주인님이 그 선지자를 만나시기만 해도 좋겠습니다. 그 분이라면 나병을 쉽게 고쳐줄 수 있을 텐데요!"

거두절미하고 결과를 미리 말하면, 그 보잘것없어 보이는 여종의 권면이 나아만 장군의 치명적인 문제였던 육신의 질병을 고침 받는 실마리를 제공해주었다.

하나님은 우리 모두에게 변화의 계기를 마련해주기를 바라고 계신다. 어쩌면 바로 지금 이 순간이 우리 인생의 터닝 포인트가 일어나는 놀라운 변화의 출발점이 될지 모른다. 그 변화를 기대하라. 기대하는 마음에 하나님이 은혜를 부어주신다.

알프레드 노벨은 다이너마이트를 발명하여 인류를 깜짝 놀라게 했다. 그 덕에 노벨은 엄청난 부와 명예를 얻게 되었다. 누가 봐도 성공적인 삶을 살아가던 노벨이 어느 날 신문을 보는데, 그 신문에 충격적인 기사가 실려 있었다.

"죽음의 상인 알프레드 노벨 드디어 사망하다."

멀쩡히 살아서 신문을 보고 있는데, 느닷없이 자기가 죽었다는 기사가 실린 것이다. 어떻게 된 일인가 봤더니 자기 형인 루드비 노벨이 죽었는데, 그를 알프레드 노벨로 오인한 기사였다. 그러나 노벨은 기사가 잘못 나갔다는 사실보다 자신을 가리켜 '죽음의 상인'이라고 지칭한 것에 큰 충격을 받았다. 다이너마이트가 여러 가지 용도로 유용하게 쓰이기도 했지만, 그보다는 그것이 전쟁의 살상무기로 수많은 인명을 죽이는 데 사용된 것이 사실이었다.

그 기사에 충격을 받은 노벨은 그날 이후 자기 삶을 깊이 돌아보는 시간을 가졌다고 한다. 그 시간을 통해 노벨은 지금까지 자신이 많은 것을 이루었지만 삶의 의미와 방향에 있어서 무언가 잘못되었다는 사실을 깨달았고, 그때부터 부와 명예를 바라보는 태도가 달라졌다. 결국 그는 자신의 엄청난 재산으로 인류를 위해 기여한 사람들에게 주는 상을 제정하라는 유언을 남기고 세상을 떠났다. 그 상이 바로 노벨상이다.

노벨이 신문 오보를 통해 자신의 삶에 문제가 있다는 사실을 깨닫고 새로운 삶을 출발했던 것처럼, 나아만 장군이 보잘것없는 한 여종의 권면으로 자기 인생의 결정적인 문제를 해결할 수 있었던 것처럼 오늘 우리에게 베푸시는 하나님의 터닝 포인트의 계기를 붙잡기를 간절히 소망하라. 하나님은 우리 인생에 깊이 개입하시며 삶의 터닝 포인트를 제공하실 수 있다. 그것을 기대하라! 우리 삶은 달라질 수 있다.

둘째, 고정관념을 내려놓으라

변화를 위해서는 지금까지 가지고 있던 고정관념을 내려놓는 것이 반드시 필요하다. 나아만 장군은 변화에 대한 기대감을 가지고 자신의 병을 고치기 위해 이스라엘로 떠났다. 그러나 이스라엘에 있던 하나님의 선지자 엘리사는 나아만 장군의 기대와 전혀 다른 대접을 하며 전혀 상식에 맞지 않는 요구를 했다.

엘리사가 사자를 그에게 보내 이르되 너는 가서 요단 강에 몸을 일곱 번 씻으라 네 살이 회복되어 깨끗하리라 하는지라 왕하 5:10

엘리사의 이 같은 처사에 나아만 장군은 어떻게 반응했는가?

나아만이 노하여 물러가며 이르되 내 생각에는 그가 내게로 나와 서서 그의 하나님 여호와의 이름을 부르고 그의 손을 그 부위 위에 흔들어 나병을 고칠까 하였도다 왕하 5:11

나아만 장군은 화가 났다. 강대국의 국방장관에 해당하는 자신을 직접 나와서 접대해도 시원치 않은데, 감히 사람을 시켜서 강물에 일곱 번 몸을 씻으라는 황당한 요구만 하니 가만히 있을 수 없었다. 아람에는 물이 없어서 여기까지 왔나 싶은 것이 생각할수록 화가 나는 처사였다.

그런데 나아만 장군의 분노가 표현된 11절 말씀을 읽다가 내 눈에 큰 글자처럼 부각되어 보이는 한마디가 있었다. '내 생각에는'이라는 단어였다.

'내 생각에는' 그가 내게로 나와 서서 그의 하나님 여호와의 이름을 부르고 그의 손을 그 부위 위에 흔들어 나병을 고칠까 하였도다 왕하 5:11

나아만 장군이 화가 난 이유가 무엇인가? 상대방이 자기 생각과 다른 처신을 했기 때문에 화가 난 것이다. 그것이 '내 생각에는'이라는 단어에 담겨 있다. 그 나아만 장군의 생각은 어떻게 형성되었을까? 당연히 자기의 배경과 위치를 바탕으로 한 경험에서 비롯된 것이었다. 지금 나아만은 자기 경험 세계를 바탕으로 한 기대와 무언가 맞지 않는 일이 벌어졌기 때문에 화가 난 것이다.

교회에 처음 나온 사람들은 여러 가지로 어려움을 겪는다. 일단 하나님 앞에 나오는 것 자체도 어려운 일이지만, 교회에 어렵게 발을 들여놓았다 해도 마음을 여는 것이 여간 힘든 일이 아니다. 왜 그렇게 어려운가? '내 생각에는'으로 표현되는 내 경험 세계에 입각한 자신의 생각과 맞지 않는 것들이 너무 많기 때문이다. 어지간하면 예수 믿어 보고 싶은데 쉽지가 않다. 그러기엔 나의 경험 세계, 인식 세계로 형성된 '내 생각'이 너무 강하다.

그런데 하나님도 이상하시다. 나아만이 쉽게 받아들일 수 있도록 합리적이고 상식적인 처치를 해주었으면 좋을 텐데, 왜 굳이 강물에 몸을 일곱 번 씻으라는 이해하기가 힘든 요구만 하셨을까? 나아만의 기대처럼 환부를 만져주시거나 표적을 보여주시거나 했으면 일이 얼마나 쉬웠겠는가?

나는 그 이유가 하나님이 아니면 안 되는 방식으로 치유를 허락하고자 하셨기 때문이라고 생각한다. 자신의 고정관념을 내려놓고 하나님만 행하실 수 있는 하나님의 방법으로 하나님을 경험하게 되기를 바라셨던 것이다. 약을 처방해주는 것은 인간도 할 수 있다. 그러나 평범한 강물에 몸을 일곱 번 씻어 낫게 되는 일은 오직 하나님만 하실 수 있는 기적이다. 그 기적을 통해 '내 생각에는'으로 가득한 우리의 생각이 '하나님의 생각에는'으로 대치되기를 바라신 것이다.

'내 생각'을 고집하는 어리석음

사실 '내 생각'이라는 것이 얼마나 강한가? 세 아이를 키우는 아버지로서 우리 아이들을 보면, 어릴수록 자기 생각이 강한 것 같다. 지금도 그렇지만 아이가 더 어릴 때는 얼마나 고집이 세고 자기주장이 강했는지 모른다. 막내가 예닐곱 살 무렵, 아이가 앉아서 뭔가 꼼지락거리고 있는 것을 보다가 내가 조금만 도와주면 쉽게 해결될 것 같아서 도와준다고 하면 절대로 못 건들게 했다. 자기가 할 수 있다는 것이다. 자기 생각에 이렇게 하면 된다는 것이다.

그 아이의 생각이 어디서부터 시작되었는가? 이제 고작 세상에서 산 지 6년밖에 안 된 아이가 그 6년의 경험으로 형성된 자기 생각으로 50년 가까운 세월을 산 아버지의 생각을 무시하는 것이다. 아버지의 말은 들을 생각조차 안 한다. 나는 이런 모습이 꼭 우리의 모습 같다는 생각을 했다. 성경은 무엇이라고 하는가?

> 이는 내 생각이 너희의 생각과 다르며 내 길은 너희의 길과 다름이니라 여호와의 말씀이니라 이는 하늘이 땅보다 높음같이 내 길

은 너희의 길보다 높으며 내 생각은 너희의 생각보다 높음이니라

사 55:8,9

한계가 분명한 인간 세계에 갇혀 사는 우리가 알량한 경험과 지식으로 우주의 주인 되시는 하나님의 생각을 거부하는 모순이 바로 우리에게 있지 않은가? 우리가 '나의 생각'을 내려놓고 '하나님의 생각'을 받아들이기 시작할 때, 그때 여호와 하나님의 크신 능력이 내 인생에 개입되기 시작한다.

상식과 전혀 다른 하나님의 계획

앞에서도 언급했지만, 우리 교회에서는 매년 특별새벽부흥회를 한다. 그때마다 하나님이 얼마나 많은 은혜를 부어주시는지 모른다. 인간의 생각을 뛰어넘는 놀라운 일들이 많이 일어난다. 몇 해 전, 특별새벽부흥회 때 있었던 일이다. 마지막 날 예배가 끝나고 교회 홈페이지에 글이 하나 올라왔다. 한 아기 엄마가 전날 새벽예배 때 있었던 일을 올려놓은 것이다.

그 성도님은 갓 돌 지난 아기를 데리고 자모실에서 예배를 드리고 있었는데, 예배 중에 아기가 엎치락뒤치락 하더니 팔이 빠져버렸다. 갑작스레 벌어진 일에 아기 엄마는 당황해서 얼른 아기를 안고 응급실로 뛰어야겠다는 생각밖에 없었다고 한다.

그러다 순간적으로 '이렇게 사람이 많은데 여기에 의사 한 명이 없

을까?'라는 생각이 들어, 담당 목사님에게 혹시 예배에 참석한 의사 선생님이 계시면 모시고 와달라고 부탁했다. 담당 목사님은 급히 다른 곳에서 예배드리고 있던 의사 한 분을 모시고 왔는데, 하필이면 그분은 피부과 의사였다. 아기가 팔이 빠져 난리인데 피부과 의사를 데려왔으니 얼마나 황당한가?

그런데 더 황당한 일이 벌어졌다. 그 피부과 의사가 아기 팔을 이렇게 저렇게 만지더니 빠진 팔을 쑥 끼워준 것이다. 방금까지 아프다고 울고불고 난리 치던 아기는 아픔이 가시자 곧 새근새근 잠이 들었다. 그런 일을 겪은 아기 엄마가 집에 돌아가 자기가 이런 은혜까지 경험했다고 하면서 교회 홈페이지에 글을 남긴 것이다.

피부과이긴 해도 의사가 팔 빠진 아기 고쳐준 것이 뭐 그렇게 신기한 일이겠는가? 그런데 진짜 신기하고 황당한 일은 그 이후에 일어났다. 아기 엄마가 홈페이지에 글을 올린 다음 몇 시간이 지나서 그 아기의 팔을 고쳐준 의사의 글이 올라온 것이다.

이 글을 올릴까 말까 고민하다가 제가 더 은혜가 되어 글을 남깁니다. 사실 2주쯤 전에 한 어머니가 팔이 빠져 우는 아기를 데리고 우리 교회 행사 중에 제게 오는 꿈을 두 번이나 꾸었습니다. 그러려니 하고 출근하는데, 마치 누가 제 귀에 대고 말하는 것처럼 '그 아이 잘 고쳤니?' 하는 소리가 들리는 것 같았습니다. 너무 이상해서 학생 때 보던 정형외과 책도 찾아보고, 정형외과 의사인 친구에게 물어서 팔이 빠졌을 때 할 수 있는 치료법에 대해 알아두었는데, 오늘 이런 일이 생긴 것입니다. 참 좋으신 하나님입니다. 우리 하나님은 어떻게든 예비하시는 분이신 것 같습니다.

정말 신기한 일 아닌가? 하나님이 직접 개입하지 않으셨다면 결코 있을 수 없는 일이 일어났다. 왜 이런 일이 일어났을까? 그것도 예배 중에 말이다. 하나님의 생각은 우리의 생각을 넘어선다는 사실을 보여주고자 하셨기 때문이 아니겠는가?

우리는 자신의 경험과 사고의 범위만큼만 마음을 열고 그 이상은 열지 않기 때문에 놀라운 하나님의 역사와 능력이 우리 삶 속에 일어나지 않는다는 사실을 알아야 한다. 경직된 '내 생각'을 내려놓고 '하나님 생각'을 받아들이면 그 순간부터 내가 할 수 없는 놀라운 일들이 내 삶 속에서 일어나기 시작한다.

혹시 지금도 자신의 생각과 의식 세계가 너무 강해서 하나님의 생각을 받아들이기 어려운 분들이 있다면, 지금 그 고정관념이 깨지는 은혜가 있기를 바란다. 그리하여 지금까지 경험하지 못했던 하나님의 놀라운 일들을 삶 속에서 경험하게 되기를 바란다.

착각은 끝났다, 이제 실체를 보라

언젠가 새벽에 차를 몰고 가는데 라디오에서 전설적인 권투선수 무하마드 알리에 대한 이야기가 나왔다. 무하마드 알리는 1960년, 18살의 어린 나이에 미국 국가대표로 로마 올림픽에 출전해 꿈에 바라던 금메달을 목에 걸었다. 냉전체제였던 당시 구소련 기자들은 흑인 선수인 알리에게 미국 사회에 만연한 인종차별에 대한 민감한 질문들을 던져 그를 곤혹스럽게 했다. 그러나 그는 소련 기자들의 집요한 질문들을 잘 피해갈 뿐 아니라 자랑스럽게 이렇게 말했다.

"미국을 가장 위대하게 만드는 것이 내 목표다. 그래서 나는 러시아와 폴란드 선수를 이겼고, 미국을 위해 금메달을 따냈다."

알리는 자기가 딴 금메달을 무엇보다 소중히 여기며 이제 자신이 인종차별로 인해 천대받던 시절은 끝났다고 생각했다. 그러나 그것은 알리의 착각이었다. 고국에 돌아온 알리는 여전한 인종차별에 시달려야 했다. 한번은 햄버거를 사 먹기 위해 식당으로 들어가는 알리를 향해 식당 주인이 "당신은 흑인인데 왜 백인 식당에 들어왔소?"라고 말하며 내쫓기도 했다.

그제야 알리는 착각 속에서 깨어났다. 그는 자신이 금메달을 딴 미국의 영웅이 되었으니, 이제는 백인 식당에 갈 수 있으리라 생각했던 것이다. 그러나 그는 그곳에서 초라하게 쫓겨나고 말았다. 그 사실에 절망한 그는 자신이 그토록 사랑했던 금메달을 오하이오 강에 던져버리며 이렇게 말했다고 한다.

"착각은 끝났다. 나는 그동안 내 허상에 사로잡혀 살아왔다. 나는 금메달리스트이기 이전에 초라한 흑인에 불과하다."

알리의 이 고백이 내게 아픔으로 전달되었다. 흑인에 대한 인종차

별이 사라지지 않던 당시의 미숙한 사회가 이런 아픔을 주었기 때문이다. 그러나 한편으로 알리가 "착각은 끝났다"고 고백했던 것처럼 오늘날 우리 역시 실체를 볼 줄 아는 자각이 있어야 한다는 생각이 들었다. 화려한 갑옷이, 주변 사람들의 찬사가 내 실체를 말하는 것은 아니기 때문이다. 오늘 우리가 입고 있는 두꺼운 갑옷 내면에는 영적 나병으로 신음하고 있는 우리 자신이 있음을 정직하게 고백하기 바란다. 로마서에 이런 말씀이 있다.

> 육신의 생각은 사망이요 영의 생각은 생명과 평안이니라 롬 8:6

오늘 우리는 번듯한 육신을 가지고 살아가고 있지만, 범죄함으로 말미암아 하나님과 관계가 단절된 우리 내면의 영혼은 목말라하고 있다. 그 처절한 내면세계를 정직하게 고백하고 드러냄으로써 어떤 인생도 하나님 없이는 행복할 수 없다는 짧은 진리가 우리 내면 중심에 메아리치게 되기를 바란다. 그리하여 단단한 내 생각이 깨지고 하나님 생각으로 재무장되는 은혜가 있기를 바란다.

나은 사람이 베드로와 요한을 붙잡으니 모든 백성이 크게 놀라며 달려 나아가 솔로몬의 행각이라 불리우는 행각에 모이거늘 베드로가 이것을 보고 백성에게 말하되 이스라엘 사람들아 이 일을 왜 놀랍게 여기느냐 우리 개인의 권능과 경건으로 이 사람을 걷게 한 것처럼 왜 우리를 주목하느냐 행 3:11,12

CHAPTER 8

정답을 아는 인생에
능력이 있다

우 리 에 겐 　 모 두 　 예 수 님 이 　 필 요 하 다

우리 교회에서는 매년 '새생명축제'라는 전도집회를 통해 하나님을 알지 못하거나 아니면 하나님을 떠난 이웃들을 초청하여 그 분들을 환영하고 그 분들에게 예수님을 소개하는 시간을 갖는다. 3주간 계속되는 행사에 온 성도들이 마음을 모아 수고하고 애쓰며 헌신한다. 어떻게 하면 예수님을 모르는 이웃들에게 예수님을 잘 소개할 수 있을지, 어떻게 하면 그들을 더 반갑게 맞아줄 수 있을지 고민하고 또 고민하는 시간들이다.

그렇게 매년 새생명축제를 준비할 때마다 성도들의 수고와 헌신과 고민에 감사한 마음을 갖지 않을 수 없다. 그러면서 한편으로는 '우리가 왜 이런 수고를 해야 하는가? 왜 교회 나오기 싫다는 사람을 전도하지 못해 안달인가?' 하는 생각이 들기도 한다. 그 이유가 무엇인가? 대답은 간단하다. 그들에게 예수님이 필요하기 때문이다. 그러면 예수님을 믿으면 무엇이 좋은가? 왜 꼭 예수님을 믿어야 할까?

예수님을 영접하면 영혼이 구원 받는다. 예수님을 모르면 구원 받을 수 없다. 하나님은 예수님 외에 구원의 다른 이름을 주시지 않았기 때문이다. 영혼이 구원 받으면 죄로 인한 저주의 결과인 죽음의 공포로부터 자유함을 얻게 되고, 우리 삶이 무의미한 것이 아니라 가치 있는 것이라는 사실을 새롭게 깨닫게 된다. 그렇기 때문에 우리는 힘써서 예수님을 소개하고 증거해야 한다.

그러기 위해서는 먼저 믿은 우리에게 확신이 있어야 한다. 예수 그리스도로 말미암아 내 인생이 변화되고 있다는 확신 말이다. 그 확신이 있어야 능력 있게 예수 그리스도를 전할 수 있다.

내가 청소년 사역을 할 때 아이들에게 자주 했던 말이 있다. "우리는 지금 공사 중이다"는 말이다. 마음은 공부도 잘하고 싶고, 부모님에게 효도도 하고 싶고, 친구들과의 사이도 원만했으면 좋겠고, 뭐든지 잘하고 싶지만 뜻대로 되지 않는다. 아직 철이 없어 생각과 행동이 따로 논다. 부모님에게 잘하고 싶은 마음과 달리 입에서는 원망하는 말만 쏟아진다. 그래도 실망하지 말라는 것이다. 아직 끝이 아니기 때문이다. 우리는 지금 공사 중이기 때문에 얼마든지 변화될 수 있다.

청소년들만 지금 공사 중인 것이 아니다. 이 땅을 살아가는 우리 모두는 공사 중이다. 예수 그리스도를 만나기 전에는 깨닫지 못했던 무기력의 자리에서 일어나기 위한 거대한 공사가 진행 중인 것이다. 지금은 조금 불편하고, 뜻대로 되지 않고, 여러 가지가 마음에 들지 않지만 앞으로 나아질 것이고 달라질 것이라는 확신을 가지고 나아가자. 우리 인생은 아직 공사 중이다.

놀랄 일이 아니다

사도행전 3장에 보면 베드로와 요한이 성전 미문에서 구걸하던 한 장애인을 고쳐주는 장면이 나온다. 태어나면서부터 걷지 못했던 그 사람이 예수님의 이름으로 벌떡 일어나 걷기도 하고 뛰기도 하게 되었다. 그 심정이 얼마나 흥분되고 황홀했겠는가? 그 사람이 펄쩍펄쩍 뛰어다니며 소리를 지르고 환호하자 그 광경을 보고 사람들이 몰려들기 시작했다. 그를 알아본 사람들이 웅성거린다.

"어떻게 저런 일이 가능한가!"

모든 사람들이 놀라워하고 있던 그때, 베드로는 마치 당연한 일이 일어난 것처럼 그들에게 이렇게 되묻는다.

> 베드로가 이것을 보고 백성에게 말하되 이스라엘 사람들아 이 일을 왜 놀랍게 여기느냐 행 3:12

전혀 놀랄 일이 아니라는 것이다. 당연히 일어날 일이 일어났는데 왜 그렇게 놀라느냐는 것이다. 예수 그리스도의 십자가를 통해 새로운 삶을 살게 된 사람들에게는 이런 일이 전혀 놀랄 일이 아니라 당연히 일어날 수 있는 일이라는 뜻이다.

그러면서 베드로는 걷지 못하던 그 사람을 고쳐준 사건의 배경을 이렇게 설명한다.

"너희들이 거부하여 죽인 예수 그리스도는 하나님의 아들이시다. 너희들은 그분을 죽였으나 하나님께서는 그를 죽은 자 가운데서 다시 살렸으니, 우리가 그 일의 증인이다. 걷지 못하던 이 사람을 일으킨 것은 그분이 하나님의 아들이시라는 사실을 증거하기 위함이다. 이 사람을 일으킨 것은 내가 아니라 예수님의 이름의 능력이며, 그분을 믿는 믿음 덕분이다. 너희들이 지금이라도 깨달아 회개하고 돌아온다면 너희들도 새롭게 될 수 있다. 너희 인생에도 이 같은 일이 일어날 수 있다. 무기력했던 앉은뱅이가 벌떡 일어나 뛰며 춤추는 것처럼 너희들에게도 변화되어 기뻐 춤을 추는 축제 같은 삶이 기다리고 있다!"

(행 3:12-10 참조)

확신이 없으니 힘이 없다

나는 이 말씀을 말씀 그대로 믿는다. 예수님의 이름이 오늘 우리의 삶에도 기적을 일으킬 것이라는 사실을 믿는다. 실제로 나의 지난 삶을 돌아보면 무기력하게 앉은뱅이로 살던 한 인생이 벌떡 일어나 뛰는 기적이 어떻게 가능한지를 증거하는 경험들로 가득 차 있다. 그렇기 때문에 내게 이런 확신이 있다. 변화가 가능하다는 확신이다. 내 삶이 달라질 수 있다는 확신이다. 오늘도 기적이 가능하다는 확신이다.

기적은 성경에만 갇혀 있는 것이 아니다. 이 사실을 믿고 받아들일 때, 예수 그리스도께서 하나님의 아들 되심을 부인하고 십자가에 못 박은 죄를 회개하고 돌아올 때, 우리 삶에도 이런 역동적인 변화가 가능하다.

그런데 오늘날 한국 교회를 보면 언제부턴가 성도들에게 이런 야성이 죽어버렸다. 얼마나 힘이 없고 나약한지 모른다. 오랫동안 교회에 다니고 있지만 그런 역동적인 변화와 기적은 인생에서 한 번도 없었다.

이렇게 야성이 죽어 있다 보니 복음이 현재 안에서 힘을 잃었다. 현재가 무력하니 날마다 미래만 이야기한다. 전도할 때 주로 어떤 이야기를 하는가? 예수를 믿으면 죽어서 천국에 가는데, 천국행 보험 하나 들어놔야 하지 않겠냐고 말한다. 만약 천국이 없는 줄 알고 죽었는데 진짜로 천국과 지옥이 있으면 어떻게 하냐고, 일단 믿어두라고 말한다. 지금은 별 필요 없을지 몰라도 죽어서 어떻게 될지 모르니 일단 믿으라는 것이다. 현재가 힘이 없다. 사후보장을 얻는 보험처럼 신앙생활을 하니 힘이 없는 것이다.

그렇다 보니 교회마다 연세가 지긋한 어르신들은 많은데, 젊은이들은 교회를 계속 빠져나가고 있다. 왜 그런가? 앞으로 살아갈 날이 창창한데 뭐 하러 죽은 뒤에 천국 가는 신앙생활을 하느냐는 것이다. 죽기 직전에 믿으면 될 것 아니냐고 생각하며 계속 빠져나가는 것이다.

담대한 확신을 되찾아라

오늘날 교회가 시급하게 회복해야 할 것은 복음의 역동성과 현재성이다. 죽어서 천국 가는 것이 복음의 전부가 아니다. 과거의 내 상처를 치료해주는 것이 복음의 전부가 아니다.

현재 일하시는 하나님, 현재 내 삶을 변화시켜주실 수 있는 하나님을 기대하고 확신하는 것, 성전 미문에 앉아 있던 앉은뱅이를 일으켜주셨던 것처럼 오늘 나의 무기력한 삶을 일으켜주실 것을 믿는 것이 복음이다.

우리 모두 미래에 대한 막연한 약속, 과거에 받았던 상처에 연연하는 신앙을 청산하고 현재에 집중하는 신앙을 회복하기 바란다. 위기가 있을 때, 내 삶에 어려움이 닥칠 때 히브리서 말씀과 같은 확신이 우리 안에 있기를 바란다.

> 그러므로 우리가 담대히 말하되 주는 나를 돕는 이시니 내가 무서워하지 아니하겠노라 사람이 내게 어찌하리요 하노라 히 13:6

공동성경에는 이 부분이 더욱 구체적으로 표현되어 있다.

> 그래서 우리는 확신을 가지고 이렇게 말합니다. "주께서 내 편을

들어 도와주시니 내가 무엇을 두려워하랴! 누가 감히 나에게 손을 대랴!"

이런 놀라운 확신과 선포가 성경에 담겨 있다. 예전에는 막막했다. 영적인 고아 같았다. 작은 위기만 찾아와도 인생이 불안했다. 그러나 예수 그리스도를 영접하고 현재 일하시는 하나님을 만나고 나니 확신에 찬 담대함이 솟아난다. 현재의 내 삶에 불안한 일이 있지만, 어려운 일이 있지만 나는 담대함을 가지고 이렇게 선포한다.

"주께서 내 편을 들어 도와주시니 내가 무엇을 두려워하랴! 누가 감히 나에게 손을 대랴!"

이런 담대함과 이런 확신이 우리 안에 회복되어야 한다. 예수 믿는 우리는 약한 존재가 아니다. 우리의 기질은 본래 약하고 소심하고 비굴하게 살 수밖에 없는 존재일지 몰라도, 예수 그리스도의 은혜로 기름 부으심 받은 우리는 무장하는 갑옷으로 덧입혀진 존재이다. 그래서 이런 담대한 확신을 가질 수 있는 것이다.

"난 이렇게 무너지지 않아! 난 망하지 않아!"

이런 복음의 야성이 우리 안에 회복되기를 바란다.

확신의 근거

그렇다면 베드로는 어떻게 이런 담대한 확신을 갖게 되었을까? 그것을 설명하는 대목이 내 마음을 끌었다.

> 아브라함과 이삭과 야곱의 하나님 곧 우리 조상의 하나님이 그의 종 예수를 영화롭게 하셨느니라 행 3:13

베드로가 설명하는 확신의 근거가 무엇인가? 그 핵심은 아브라함의 하나님, 이삭의 하나님, 야곱의 하나님, 곧 우리 조상의 하나님이 지금도 일하고 계시다는 것이다. 지금까지 역사를 살펴보면, 위기를 만날 때마다 하나님이 도우시고 이끄셔서 지금에 이르게 되었는데, 그 하나님께서 지금도 일하고 계시다는 것이다.

기독교는 역사의 종교이다. 단순히 믿으며 요행을 바라는 기복신앙이나 점치듯 때려 맞추는 종교가 아니라 2천 년 동안 검증이 이루어진 종교이다. 지난 2천 년 동안 얼마나 많은 자들이 예수님이 하나님의 아들이 아니라는 증거를 찾기 위해 애를 썼는가?

지금도 예수님이 하나님의 아들이 아니라 인간에 불과하다는 사실을 증명하기 위해 얼마나 많은 석학들이 연구하며 증거를 찾아 헤매고 있는가? 그런데도 기독교의 진리는 흔들리지 않았다. 어떻게 그럴 수 있는가?

복음은 성경에만 갇혀 있는 것이 아니기 때문이다. 기적이 성경 안에만 존재하는 것이 아니기 때문이다. 아브라함의 하나님, 이삭의 하나님, 야곱의 하나님, 우리 부모님의 하나님이 바로 오늘도 그 역사와 능력을 끊임없이 베풀어주시기 때문이다.

개인과 가정을 변화시키는 역사가 지금도 계속되고 있다. 삶이 변화되는 기적이 지금도 이어지고 있다. 바로 이것이 오늘날 기독교가 여전히 건재하게 한 버팀목이다. 베드로가 말하는 확신의 근거가 바로 이것이다. 과거에 조상들을 도우셨던 하나님이 오늘도 여전히 우리를 돕고 계시다는 것이다.

모세와 함께 했던 것처럼 함께할 것이다!

위대한 지도자 모세를 떠나보내고 새롭게 지도자로 서게 된 여호수아에게 하나님은 이렇게 말씀하셨다.

> 내가 모세에게 말한 바와 같이 너희 발바닥으로 밟는 곳은 모두 내가 너희에게 주었노니 곧 광야와 이 레바논에서부터 큰 강 곧 유브라데 강까지 헷 족속의 온 땅과 또 해 지는 쪽 대해까지 너희의 영토가 되리라 네 평생에 너를 능히 대적할 자가 없으리니 내가 모세와 함께 있었던 것같이 너와 함께 있을 것임이니라 내가 너를 떠나지 아니하며 버리지 아니하리니 강하고 담대하라 너는 내가 그들의 조상에게 맹세하여 그들에게 주리라 한 땅을 이 백성에게 차지하게 하리라 수 1:3-6

강력한 지도자 모세가 죽었다. 정복해야 할 가나안에는 아직 도착하지 못했다. 이스라엘 백성이 위기를 만난 것이다. 그때 하나님은 모세의 뒤를 이을 후계자로 여호수아를 세우신다. 백성들은 불안하다.

여호수아의 능력이나 리더십이 검증이 안 되었기 때문이다.

그렇더라도 가장 불안한 사람은 여호수아 당사자였을 것이다. 얼마나 두려웠겠는가? 자신에게는 모세와 같은 카리스마도 없고 검증된 능력도 없는데 이스라엘 백성을 이끄는 그 큰 사명을 어떻게 감당해야 할지 고민되고 불안했을 것이다. 그때 하나님이 여호수아에게 주셨던 위로와 약속의 말씀이 바로 여호수아서 1장 3-6절 말씀이다. 그 중에서도 내가 주목하고 싶은 것은 바로 이 부분이다.

> 내가 모세에게 말한 바와 같이 … 내가 모세와 함께 있었던 것같이 너와 함께 있을 것임이니라 수 1:3,5

이 두 마디 말이 내 마음에 참 오래 남았다. 하나님이 모세에게 말씀하신 것같이 모세에게 했던 그 약속을 지킬 것이라는 것이다. 하나님이 모세와 함께 계셨던 것처럼 여호수아와도 함께 계시겠다는 것이다. "내가 모세와 함께했던 것을 너도 분명히 보지 않았느냐? 내가 그것처럼 너와도 함께할 것이다"라고 말씀하시는 것이다.

여호수아가 아직 하나님의 능력을 직접 경험한 것이 적고 약할지 모르나, 모세와 함께하시는 하나님의 능력은 똑똑히 보았다. 모세가 대단한 것이 아니다. 모세와 함께하셨던 하나님이 대단하셨던 것이다. 모세가 위기 앞에서 하나님께 부르짖을 때마다 하나님이 함께하셔서 홍해를 갈라주시고, 불평하는 백성들에게 만나와 메추라기를 보내주셨으며, 전쟁에서 이길 힘을 주셨다. 그 능력의 하나님이 모세와 함께하셨던 것처럼 여호수아와도 함께해주시겠다는 것이다. 모세에게 약속하셨던 것을 여호수아에게 이루어주시겠다고 말씀하시는 것이다. 나는 이것이 역사가 있는 종교, 즉 기독교만이 자랑할 수 있는 면모라고 생각한다.

계속 이어지는 신앙생활

신앙 교육이란 바로 이런 것이다. 내가 믿는 하나님, 나를 도우셨던 하나님이 우리 자녀들도 도우실 것이다. 나와 늘 함께하셨던 하나님이 우리 자녀와도 함께해주실 것이다. 그것을 믿고 자녀에게 가르쳐주는 것이다.

사실, 아직 어린 나이에 살아 계신 하나님을 직접 만나는 데는 한계가 있을 수 있다. 또 개인적으로는 너무 어릴 때 하나님을 만나는 신비로운 체험을 하는 것에는 위험한 요소가 많다고 생각한다. 어릴 때는 성령 체험하고 하나님 만나는 데 집중하는 것보다 교회 왔다 갔다 하면서 친구들과 또 선생님들과 재미있게 놀면 그것으로도 충분하다고 생각한다. 하지만 부모가 자녀에게 이렇게 말해줄 수는 있어야 한다.

"너는 아직 하나님을 못 만났지? 괜찮아. 아빠도 네 나이 때는 그랬어. 하지만 아빠를 봐. 아빠를 만나주신 하나님이 느껴지지 않니? 우리 가정을 도와주시고 인도해주시는 하나님이 느껴지지 않니?"

아빠가 만난 하나님이 나를 이대로 내버려두지 않으시고 반드시 나와도 함께해주실 것이라는 확신을 심어주는 것, 바로 이것이 신앙 교육의 묘미라고 믿는다.

언젠가 참 재미있는 이야기를 들었다. 우리 교회 한 성도님의 조카가 지방에서 개척 교회를 섬기고 있는데, 많은 개척 교회가 어려움을 겪는 것처럼 그 교회도 고군분투하면서 하나님 앞에서 씨름하고 있었다. 우리 교회 성도님이 그 조카를 보며 안타까운 마음을 섞어 이런 농담을 했다고 한다.

"이찬수 목사님이 시무하는 교회는 개척해서 벌써 이렇게 성도가 많이 모이는데, 너는 어째서 아직도 씨름 중이냐?"

그때 그 조카 목사님이 이렇게 대답했다고 한다.

"이찬수 목사님은 아버지가 금식기도 하다가 돌아가셨잖아요. 아버지가 쌓아놓은 기도의 열매가 많으니 교회가 빨리 부흥하는 거죠. 하지만 나는 믿음의 일 대 아닙니까? 내가 수고하고 애써서 교회를 잘 세워나가면 우리 자식들이 그 열매를 누리겠지요."

나는 그 분 말씀에 100퍼센트 동의한다. 정말 그렇다. 나는 부모님 잘 만난 덕에 지금까지 사역을 해올 수 있었다. 내 힘으로 한 것은 하나도 없다. 나에게는 기도만 실컷 하시고 그 기도의 열매는 누리지 못하고 돌아가신 아버지, 구순이 가까워오기까지 한결같은 마음으로 자식 위해 눈물로 기도해주시는 어머니가 계셨다.

어린 시절, 나는 하나님을 직접 만난 적도 없고 제대로 된 믿음도 없었지만, 한 가지 확실했던 것은, 우리 아버지를 만나주신 하나님, 우리 어머니의 눈물의 기도를 들어주신 하나님을 보면서 자랐다는 것이다. 그 덕분에 오늘의 내가 있을 수 있었다.

믿음의 긍지

우리 부모 세대들에게 이런 믿음의 긍지가 있어야 한다. 내가 지금 수고하고 애쓰고 헌신하여 믿음을 잘 쌓아갈 때, 그 믿음의 반석과 신앙의 열매를 우리 자녀들이 누리게 될 것이라는 긍지 말이다.

또 믿지 않는 부모 밑에서 자랐다가 믿음의 일 대로서 신앙생활을 하고 있는 분들이 있다면, 바로 자신이 '복의 근원' 아브라함과 같은 역할을 감당하게 될 것에 대한 자긍심을 가져라. 여러분이 바로 가정의 아브라함이다. 여러분의 자녀가 그 믿음의 열매를 누리게 될 것이다. 3,40년 후에 여러분을 보고 자란 자녀들이 "내가 우리 아버지를, 우리 어머니를 만난 것은 정말 큰 축복이야"라고 고백하는 날이 반드시 올 것이다.

아브라함의 하나님, 이삭의 하나님, 야곱의 하나님, 모세와 함께하셨던 하나님, 여호수아를 도우셔서 거뜬히 가나안 정복 전쟁을 잘 치르게 하신 하나님, 우리 부모님의 하나님이 바로 오늘 우리와 함께하신다는 사실을 기억하길 바란다. 그 하나님이 오늘 우리를 힘 있게 도우신다. 그 확신을 가지고 나아갈 때 우리 삶에 놀라운 변화가 일어날 것이다. 무기력한 자리에서 일어서게 되는 기적을 경험하게 될 것이다.

삶이 무기력하게 느껴질 때마다, 삶에 위기가 다가오고 어려움이 있을 때마다 이 말씀을 고백하라.

내가 확신하노니 사망이나 생명이나 천사들이나 권세자들이나 현재 일이나 장래 일이나 능력이나 높음이나 깊음이나 다른 어떤 피조물이라도 우리를 우리 주 그리스도 예수 안에 있는 하나님의 사랑에서 끊을 수 없으리라 롬 8:38,39

바로 이런 확신이 우리 삶에 '나의 확신'으로 확고히 자리매김하게 되기 바란다. 하나님의 사랑에 대한 그 확신이 바로 현재에서 믿음의 능력을 경험하게 할 것이다.

눈 물 한 방 울 이 면 충 분 하 다

우리 교회의 한 성도의 자녀가 미국 유학 중에 크게 다쳤다. 난간에서 미끄러져 떨어지면서 얼굴이 정면으로 땅에 부딪혀 턱뼈가 함몰되고 안면의 뼈들이 다 으스러졌다. 게다가 위턱뼈가 뇌를 건드려 뇌출혈이 일어났고 혼수상태에 빠져버렸다.

딸의 사고 소식을 들은 아버지는 허겁지겁 미국으로 날아갔다. 가서 보니 정말 도저히 볼 수 없을 정도로 처참한 상황이었다. 특히나 부서진 뼈가 뇌를 건드렸으니 뇌가 괜찮을지가 초미의 관심이었다. 의사는 식물인간처럼 누워 있기 때문에 뇌의 상태를 판단할 수 없으니 계속 딸 곁에서 딸의 이름을 불러주며 아이의 반응을 살펴보라고 했다. 아버지는 절박한 심정으로 딸아이의 이름을 계속 불렀다.

"애야, 아빠가 왔어. 이제 괜찮아. 아빠 소리 들리니?"

딸의 이름을 아무리 불러도 꼼짝없이 누워 있는 딸은 아무 말이 없었다. 그런데 그 순간 아버지 마음에 절망이 희망으로 바뀌는 일이 일어났다. 식물인간처럼 누워 있던 딸아이의 뺨에 한 줄기 눈물이 흐르는 것을 보았기 때문이다. 비록 아버지의 외침에도 여전히 대답할 수 없고 손가락 하나 까딱할 수 없었지만, 딸의 눈에서 한 줄기 눈물이 흐르는 순간, 그때가 그 부모와 의사에게는 절망이 희망으로, 비관이 낙관으로 바뀌는 전환점이 되었다. 그 눈물 한 방울의 의미가 지금 그 아이가 아빠 목소리를 듣고 있다는 신호였기 때문이다.

그 이야기를 듣고 내 가슴이 뜨거워지고 뛰기 시작했다. 오늘날 우리는 타락과 범죄함으로 하나님과의 관계가 온전하지 않다. 어떤 면에서는, 한국에서 달려온 아빠가 그토록 애절하게 부르고 있지만, 그 아빠의 목소리에 아무 반응도 할 수 없는 채 병상에 누워 있던 그 유학생 딸의 모습이 오늘날 우리의 영적인 모습인지도 모르겠다. 하지만 하나님은 우리에게 이렇게 말씀하신다.

"네가 비록 지금 무기력한 상태에 빠져 있다 하더라도, 그런 초라한 모습으로 누워 있는 그 자리에서 내 음성이 들리기만 하면 돼. 손가락 하나 까딱할 힘이 없다 하더라도 내 음성에 눈물 한 방울로 반응하기만 하면 그것으로 족하다."

이 눈물 나는 하나님의 심정을 깨달아야 한다. 이 사실을 기억하라. 하나님은 지금도 우리의 이름을 부르시며 "내 음성이 들리니? 이제 괜찮아. 안심해. 너는 다시 일어날 수 있어. 새롭게 시작할 수 있어"라고 끊임없이 말씀하신다. 무기력한 그 자리에서 우리가 벌떡 일어나면 좋지만, 그렇지 않아도 괜찮다. 세상에 나아가 또 깨져도 괜찮다. 하나님의 말씀이 들리기만 하면 된다. 그것 하나면 충분하다.

하나님이 우리에게 원하시는 것은 천하를 뒤집어놓는 영웅이 되는 것이 아니다. 그저 무기력한 삶의 현장에서 주님의 말씀 앞에 영적인 눈물 한 방울 흘리는 것, 그만한 기력만 있어도 하나님은 우리의 삶을 변화시켜주실 수 있다.

딸의 눈물 한 줄기를 본 아버지는 정말 감격하며 감사했다.

"우리 아이가 아빠 말을 듣고 눈물을 흘렸어요. 그래서 희망이 있어요. 뇌를 다친 게 아니래요. 그것 하나면 충분합니다."

우리를 향하신 하나님 아버지의 심정이 바로 이와 같을 것이다. 이렇게 우리를 붙잡고 계신 하나님이 계시기에 우리에게 소망이 있다. 확신을 가질 수 있다. 내 삶에 변화가 일어날 수 있다고, 하나님이 나를 도우시기 때문에 나는 다시 일어설 수 있다고 믿을 수 있는 것이다.

남편을 위해, 아내를 위해 오랫동안 기도했는데 아무런 변화가 없는가? 그래도 괜찮다. 자녀를 위해 눈물로 기도하는데 자녀는 여전히 속만 썩이는가? 괜찮다. 하나님 말씀 앞에 한 방울 눈물 흘릴 수 있는 만큼의 은혜만 경험해도 우리의 가정이, 우리의 삶이 변화될 것이다.

성전 미문에 앉아 구걸하던 앉은뱅이가 벌떡 일어난 것처럼 예수의 이름의 능력이 그 삶에 변화를 일으킬 것이다.

하나님 안에서 확신하라. 예수 그리스도의 이름의 능력을 굳게 믿어라. 그 이름의 능력이 우리의 삶을 변화시킨다. 지금까지 믿음의 선조들과 늘 함께하셨던 하나님이 바로 지금도 우리와 함께하신다!

그러므로 이제부터 너희는 외인도 아니요 나그네도 아니요 오직 성도들과 동일한 시민이요 하나님의 권속이라 너희는 사도들과 선지자들의 터 위에 세우심을 입은 자라 그리스도 예수께서 친히 모퉁잇돌이 되셨느니라 그의 안에서 건물마다 서로 연결하여 주 안에서 성전이 되어 가고 너희도 성령 안에서 하나님이 거하실 처소가 되기 위하여 그리스도 예수 안에서 함께 지어져 가느니라 엡 2:19-22

CHAPTER 9

삶으로 보여주는 믿음에 힘이 있다

삶의 방식으로서의 기독교

최근에 어느 칼럼을 보니, 통계적으로 많은 나라에서 가장 많이 팔리는 책은 역시나 '부자 되는 법'이나 '자기관리'에 관한 책들이라고 한다. 그리고 그 다음으로 잘 팔리는 책이 '영성'에 관련된 책이라고 한다. 21세기는 '영성의 시대'라고 하더니 정말 영성에 관한 사람들의 관심이 점점 높아지는 것 같다.

그런데 마음이 아픈 것은, 영성에 관한 책 중에서 기독교 관련 서적보다는 불교와 관련된 서적들이 더 많이 팔린다는 것이다. 왜 이런 현상이 벌어지는가에 대한 이런저런 분석이 나왔는데, 피터 셍게(Peter

Senge) 박사는 사람들이 신념보다 영적인 삶을 더 원하기 때문이라고 말하면서, 불교에 관한 책은 삶의 방식으로 나타나는 반면 기독교는 사람들에게 신념체계로 나타나기 때문이라고 분석했다.

나는 그 칼럼을 읽으면서 만약 피터 센게 박사의 분석처럼 사람들 눈에 기독교가 '삶의 방식'이 아니라 '신념체계'로 비춰진다면, 그것 자체가 기독교의 변질을 반증하는 것이라고 생각했다. 왜 그런가? 기독교는 출발 자체가 삶의 방식으로부터 표출되었기 때문이다. 초대교회가 어떻게 태동되었는지 사도행전의 기록을 보라.

> 믿는 사람이 다 함께 있어 모든 물건을 서로 통용하고 또 재산과 소유를 팔아 각 사람의 필요를 따라 나눠 주며 날마다 마음을 같이하여 성전에 모이기를 힘쓰고 집에서 떡을 떼며 기쁨과 순전한 마음으로 음식을 먹고 하나님을 찬미하며 또 온 백성에게 칭송을 받으니 주께서 구원 받는 사람을 날마다 더하게 하시니라 행 2:44-47

이 모습이 신념체계로 보이는가? 아니면 삶의 방식의 표출로 보이는가? 사도행전 4장의 기록도 마찬가지다.

> 믿는 무리가 한마음과 한 뜻이 되어 모든 물건을 서로 통용하고 자기 재물을 조금이라도 자기 것이라 하는 이가 하나도 없더라 사도들이 큰 권능으로 주 예수의 부활을 증언하니 무리가 큰 은혜를 받

아 그중에 가난한 사람이 없으니 이는 밭과 집 있는 자는 팔아 그 판 것의 값을 가져다가 사도들의 발 앞에 두매 그들이 각 사람의 필요를 따라 나누어 줌이라 행 4:32-35

삶의 방식이 복음을 전하는 능력이 된다

사도행전의 기록을 찬찬히 보면, 초대교회 성도들도 전도를 많이 했던 것으로 보인다. 2장 말미에는 예수님을 영접하는 사람들이 날마다 늘었다는 기록이 있다.

구원 받는 사람을 날마다 더하게 하시니라 행 2:47

그런데 기록을 통해 느껴지는 것은, 그들은 오늘날 우리처럼 전도지를 돌리거나 말로만 복음을 전한 것이 아니라 삶으로 전했다는 것이다. 초대교회 성도들의 삶의 방식을 눈으로 보면서 기독교라는 집단이 신념체계로 뭉쳐진 종교집단이 아니라 새로운 삶의 방식을 나누는 공동체로 신선하게 다가오다 보니 그것이 복음을 전하는 능력이 된 것이다.

이런 점에서 오늘날의 교회는 본질에서 많이 벗어난 것 같다. 누군가 우리에게 "당신이 믿는 하나님이 진짜 살아 계시는가? 라고 묻는다면 우리는 뭐라고 답할 수 있는가? "나를 보고도 못 믿겠어? 내가 이렇게 변화되는 것을 보고도 하나님이 안 믿어진다는 거야?"라고 답할 수 있는 것, 이것이 삶의 방식으로 복음을 전하는 태도이다.

우리에게 바로 이런 모습이 약하다. 오늘날 교회 역시 마찬가지다. 이론과 가르치는 것은 많아 지식은 넘치는데, 새로운 삶의 방식으로서의 교회의 모습은 찾아보기 힘들다. 교회 주차장에서 보는 성도들이나 마트 주차장에서 보는 사람들의 모습이 별로 차이가 없다. 서로 먼저 가려고 짜증내는 모습은 똑같다. 이것이 무엇을 말하는가? 삶의 방식으로서의 기독교의 모습이 잘 표출되지 않는다는 뜻이다.

예수님은 교리가 아닌 삶으로 다가오셨다

예수님 역시 이 땅에 딱딱한 교리가 아닌 삶의 방식으로 하나님나라를 전파하셨다. 물론 말씀을 가르치기도 하셨지만, 주로 사용하신 방법은 직접 삶의 방식으로 보여주시는 것이었다. 상징적인 사건 하나가 마태복음 11장에 기록되어 있다.

예수님보다 앞서서 천국이 가까이 올 것을 전파하며 예수님의 길을 예비했던 세례 요한이 예수님에 대해 잠깐 의심을 가진 적이 있었다. 그래서 자기 제자들을 예수님께 보내 물어보는 장면이다.

> 요한이 옥에서 그리스도께서 하신 일을 듣고 제자들을 보내어 예수께 여짜오되 오실 그이가 당신이오니이까 우리가 다른 이를 기다리오리이까 마 11:2,3

예수님 입장에서는 지금이 굉장히 중요한 순간이다. 예수님의 확실한 우군이었던 세례 요한이 지금 의심을 하고 있는 상황에서 예수님이 자칫 대답을 잘못하시거나 잘못된 태도를 취하시면 많은 제자들을 잃게 될지도 모르는 상황이었기 때문이다. 그때 예수님이 어떻게 대답하셨는가?

예수께서 대답하여 이르시되 너희가 가서 듣고 보는 것을 요한에게 알리되 맹인이 보며 못 걷는 사람이 걸으며 나병환자가 깨끗함을 받으며 못 듣는 자가 들으며 죽은 자가 살아나며 가난한 자에게 복음이 전파된다 하라 마 11:4,5

예수님은 구약성경을 펼쳐놓고 논리로 대답하지 않으셨다. 신념체계가 아닌 실제적인 변화를 일으키는 생생한 삶의 모습으로 그 대답을 대신하셨다. 교리와 논리가 난무하는 복잡한 이야기 없이 실제로 이 사람들이 변화되었으니, 그 모습을 직접 보고 전하라는 것이다.

오늘날 교회의 과제

그렇다면 오늘날 교회는 어떤 모습을 회복해야 하는가? 예수님이 삶의 방식을 강조하는 본(本)을 친히 보여주셨고, 초대교회 역시 그러한 방식으로 태동되었는데, 오늘날 교회는 이런 삶의 방식을 잃어버리고 말았다. 그저 2천 년의 역사와 전통을 자랑하며 잘 다듬어진 교리를 내보이기 바쁜 딱딱한 공동체로 변질되고 만 것이다.

그렇기 때문에 복음 전파의 책임을 지닌 오늘날 교회가 당면한 과제는 "삶의 방식으로서의 기독교가 아닌 신념체계로서의 기독교로 비춰지는 이 왜곡된 교회의 이미지를 어떻게 바꿀 것인가?"이다.

세상의 많은 사람들이 교회 다니는 사람들을 '말만 잘하는 사람'으로 조롱한다. 오죽하면 예수 믿는 사람들은 물에 빠져도 입만 뜬다는 우스갯소리를 하겠는가? 기독교가 어쩌다 이런 비아냥거림까지 받게 되었는가?

이런 기독교의 이미지를 개선하기 위해서는 교회가 이론과 논리를 세우는 종교에서 생활이 변하고 삶의 능력이 나타나는 신앙공동체로 변화되어야 하는 것이 우리 모두에게 주어진 급선무이다. 그래서 에베소서 말씀을 통해 교회가 더 이상 신념체계가 아닌 삶의 방식을 추구하는 공동체로 거듭나기 위해 우리가 추구해야 할 몇 가지 사항에 대해 나누고자 한다.

주 안에서 하나됨을 추구하라

가장 먼저, 우리는 주 안에서 하나됨을 지향하는 공동체로 거듭나야 한다. 하나됨에 대해 성경은 이렇게 표현한다.

> 그러므로 이제부터 너희는 외인도 아니요 나그네도 아니요 오직 성도들과 동일한 시민이요 하나님의 권속이라 엡 2:19

당시 에베소교회는 이방인 성도들과 유대인 성도들로 구성되어 있었는데, 이방인 성도들은 예수님을 영접하고 교회의 일원이 되었지만 그 마음에는 여전히 열등감이 존재했다. 예전에 유대인들이 자기들을 향해 "너희들은 사람도 아니다. 개만도 못한 존재다"라고 했던 것들이 부정적인 자아상으로 남은 탓이다.

그런데 그들을 향해 바울은 무엇을 지적하는가? 이제 너희들은 더 이상 외인도 아니고 나그네도 아니고 오직 성도들과 동일한 시민이자 하나님의 권속이라는 것이다. 다시 말해, 이미 하나님의 가족 공동체가 되었으며, 모든 영적인 권리가 다 부여되었다는 선언이다.

그렇다면 이렇게 선포된 메시지를 교회 공동체 안에서 실제적으로 구현해야 하는 사람들은 누구인가? 누구에게 그런 책임이 주어지는가? 바로 당시 기득권을 가지고 있던 유대인 그리스도인들이었다. 이미 이방인들에게 놀라운 특권이 부여되었다고 선언되었는데, 그들이 여전히 이방인들을 무시하고 비판하며 손가락질한다면 그것은 삶의 방식으로서의 변화가 일어나지 않았다는 말이다. 이것을 오늘날 우리에게 적용해보자.

오늘날 교회는 이방인도 없고 나그네도 없고 객도 없이 모두가 다 가족 공동체로서의 특권을 누리고 있는가? 나는 아니라고 생각한다. 오늘날 교회 안에도 우월의식을 가지고 있었던 유대인 그리스도인들처럼 과시하며 나서는 사람이 있는가 하면, 과거 이방인들이나 외인들처럼 주눅 들고 소외 받는 사람들이 여전히 존재한다.

특권을 포기할 때 위기를 극복할 수 있다

분당우리교회의 예를 들어 설명해보자. 우리 교회가 이렇게 성장하기까지 여러 번의 고비가 있었는데, 가장 먼저 찾아온 고비가 바로 본문 말씀의 축소판이었다. 내가 교회를 개척할 당시 나와 함께해준 30여 명의 창립 멤버가 있었다. 그들의 헌신이 없었다면 분당우리교회가 이렇게 성장하는 것은 아마 불가능했을 것이다.

그런데 시간이 지나고 성도들이 점점 늘어나다 보니 뒤늦게 교회에 등록하고 합류하는 성도들 중에 교회의 중요한 자리는 이미 소수의 창립 멤버들이 다 차지하고 있다는 불편한 마음이 들기 시작했다. 그러고는 교회에 갈등이 생기기 시작했다. 무슨 사안만 나오면 "누구는 창립 멤버다, 아니다"라고 하면서 편이 갈리기 시작한 것이다. 그때 그 위기를 어떻게 극복했는지 아는가? 굉장히 냉정한 대처를 했다. 나는 창립 멤버들을 불러놓고 이렇게 선언했다.

"앞으로 창립 멤버들은 중요한 자리, 눈에 띄는 자리에서 봉사하지 마십시오. 안내든 찬양대든 눈에 띄는 자리는 다 교회에 온 지 얼마 안 된 분들에게 양보하고 모든 창립 멤버는 숨어서 봉사하세요."

자칫 굉장히 섭섭해할 이야기를 단호하게 했다. 한술 더 떠 남자 멤버들에게는 이런 이야기도 했다.

"여러분들이 '우리는 분당우리교회에서 장로 안 하겠다'는 정도의 자기 선언이 없으면 이 교회에 희망이 없습니다."

물론 상징적으로 그 정신을 이야기한 것이지만, 그렇게까지 몰아붙

였으니 그들이 얼마나 서운했겠는가? 그런데 참 고마운 것은 그 분들이 눈물로 그 요구를 수용하신 것이다. '잘 다니던 교회를 떠나서 왜 이런 설움을 받으며 고생을 하나' 하는 서운함이 있었을 텐데도 그 분들이 잘 수용해주셔서 우리 교회는 먼저 오신 분들이 나중에 오신 분들을 위해 희생하는 전통이 생길 수 있었고, 그 정신이 이 교회의 기초가 되었기에 지난 11여 년 동안 다툼이나 분열 없이 성장할 수 있었다. 그래서 나는 항상 초창기 멤버들에게 고마운 마음을 가지고 있다. 나는 이것이 교회라고 생각한다.

우리가 온전히 하나 되기 위해서는 가진 자가 없는 자 편에 서서, 권한 있는 자가 권한 없는 자 편에 서서 양보하는 본을 삶으로 보여주어야 한다. 물론 그것이 쉽지 않다. 그러나 몸부림이라도 쳐야 하는 것이 삶으로 나타내는 신앙의 모습이다. 그 결과 "이제는 전에 멀리 있던 너희가 그리스도 예수 안에서 그리스도의 피로 가까워졌느니라"(엡 2:13)라는 말씀처럼 진정한 하나됨을 이룰 수 있게 될 것이다.

예수님 중심의 공동체를 지향하라

그런가 하면 우리는 두 번째로 '예수님 중심의 공동체'를 지향해야 한다. 예수님이 교회의 기초가 되시는 분이기 때문이다. 에베소서 2장 20절 말씀을 보자.

너희는 사도들과 선지자들의 터 위에 세우심을 입은 자라 그리스

도 예수께서 친히 모퉁잇돌이 되셨느니라 엡 2:20

여기서 사도 바울은 예수님이 친히 모퉁잇돌이 되셨다고 가르치고 있다. '모퉁잇돌'을 이해하려면 그 당시의 건축 구조를 알아야 하는데, 당시 건축할 때 모퉁잇돌은 바닥과 중심기둥을, 더 나아가 건물 외곽과 벽면을 이어주는 중요한 가교 역할을 했다. 즉, 건물의 모든 하중을 받고 있는 돌이 모퉁잇돌이었다.

이것이 무슨 의미인가? 교회는 정교한 교리나 설교 잘하는 목사의 열정이나 성도들의 열심으로 지탱되는 공동체가 아니라 모든 하중을 다 받아야 하는 모퉁잇돌 되시는 예수 그리스도의 희생으로 유지되는 공동체라는 것이다. 교회는 예수님이 그 중심에 계시는 공동체이다.

앞에서 우리는 교회가 하나됨을 지향하는 공동체라는 사실을 살펴보았지만, 사실 우리에게는 그런 실력이 없다. 우리가 어떻게 진정한 하나됨을 이룰 수 있겠는가? 아무리 사랑하는 척해도 내 마음속에서는 여전히 미운 사람이 존재한다. 나와 마음이 맞지 않고 기질이 다른 사람에게 마음을 여는 일은 말처럼 쉽지 않다. '하나됨'이라는 것은 우리 실력으로 이룰 수 있는 것이 아니다. 그것은 바로 "그리스도 예수 안에서 그리스도의 피로" 가능한 일이다.

이제는 전에 멀리 있던 너희가 그리스도 예수 안에서 그리스도의 피로 가까워졌느니라 엡 2:13

성도들끼리 함께 모여 운동하고 교제한다고 해서 그 교회의 하나됨이 이루어지는 것이 아니다. 화려한 체육대회나 친교 모임으로 하나 되는 것이 아니라, 그 교회 안에 예수 그리스도의 보혈이 자리 잡고 있을 때 비로소 하나 될 수 있다. 에베소서 2장 16절 말씀도 마찬가지다.

또 십자가로 이 둘을 한 몸으로 하나님과 화목하게 하려 하심이라 원수 된 것을 십자가로 소멸하시고 엡 2:16

원수 된 것을 소멸하는 능력은 예수님의 십자가 능력이다. 주님의 십자가 능력이 아니고서는 우리에게는 원수 맺은 것을 풀 수 있는 능력이 없다.

에베소교회가 이방인 성도들과 유대인 성도들이 모여서 한 공동체를 이루었던 것처럼, 오늘날 교회도 서로 다른 여러 사람들이 모여 있는 공동체이다. 이처럼 이질적인 사람들을 하나로 묶어주는 것은 정치도 아니고, 이념도 아니고, 경제 논리도 아니며 오직 예수 그리스도라고 하는 공통분모이다. 오직 예수님에 의해서 하나가 되어갈 수 있는 것이다.

교회의 모퉁잇돌은 영원히 예수님

여기서 한 가지 반드시 기억해야 하는 것이 있다. 에베소서 2장 20절 말씀을 다시 보자.

그리스도 예수께서 친히 모퉁잇돌이 되셨느니라 엡 2:20

여기서 사용된 동사를 헬라어로 보면 현재분사 구조이다. 현재분사는 현재 진행 중임을 나타내는 동사의 변화형이다. 그 사실이 무엇을 의미하는가? 예수님이 모퉁잇돌이라는 그 상태가 지금도 계속 진행 중이며 앞으로도 계속된다는 것이다. 바울 시대에만 예수님이 교회의 모퉁잇돌이 되셨던 것이 아니라 그때로부터 현재에 이르도록, 또 앞으로도 영원히 교회의 모퉁잇돌은 예수 그리스도시라는 것이다.

그렇기 때문에 누구라도 자기가 교회의 모퉁잇돌이 되는 양 주인 행세를 하는 것은 가장 악한 짓이다. 우리는 이 사실을 반드시 명심해야 한다. 아무리 유능한 목사라도, 아무리 많은 헌신을 하는 성도라도 예수님 아닌 누구라도 교회의 주인이 될 수는 없다.

사실 이것은 목사인 나 자신에게 하는 권면이다. 담임목사인 내가 취할 수 있는 가장 악한 태도는 분당우리교회에서 예수님보다 내가 더 중요하다고 여기는 태도이다. 때때로 담임목사로서 교회의 여러 중요한 사역을 맡다 보니 스스로 이런 오류에 빠질 위험이 많다는 위기의식을 느끼곤 한다. 그리고 오늘날 정말 많은 교회들이 이런 우를 범하는 것도 사실이다. 그래서 교회가 목사 한 사람에게 집중하다가 목사 한 사람이 실족하게 되면 믿음 자체가 흔들리게 되는 불행한 일이 악순환처럼 계속되는 것이다.

그렇기 때문에 내가 목회를 그만두는 날까지 목숨 걸고 노력해야 하는 것이 나 스스로 교회의 모퉁잇돌인 양 행세하지 않는 것이다. 나는 있어도 그만, 없어도 그만이다. 역할이 주어졌을 때 최선을 다해서 충성할 뿐, 분당우리교회에 내가 반드시 있어야 하는 것은 아니다. 이것이 비록 교회를 위해 몸 바쳐 충성하는 목회자들 입장에서는 다소 섭섭한 일이라 할지라도 이 문제를 극복하지 않고는 종으로서 올바른 역할을 감당할 수 없다. 그렇기에 무엇보다 이 사실을 뼈에 아로새겨야 한다고 믿는다.

성도들도 담임목사의 다른 것은 다 용납해주고 참아주더라도 목사가 교회의 모퉁잇돌 노릇하려는 것만큼은 막아야 한다. 교회가 태동되는 그 시점에서부터 오늘에 이르기까지, 그리고 오늘부터 주님의 나라가 임하는 그날까지 오직 예수 그리스도 한 분만이 교회의 모퉁잇돌이시다. 그분만이 가장 소중한 교회의 주인이시다.

2010년에 돌아가신 옥한흠 목사님이 임종을 앞두고 자주 이런 말씀을 하셨다고 한다.

"나는 예수님이 정말 보고 싶다. 나는 빨리 예수님을 만나고 싶다."

옥한흠 목사님만큼 목사로서 많은 사람들의 존경과 인정을 받은 분이 또 어디 있는가? 그럼에도 불구하고 사람들이 인정해주는 과거에 취해서 "빨리 병 고쳐서 오래도록 이 영광을 누리고 싶다"고 하신 것이 아니라 "나는 빨리 예수님을 만나고 싶다"고 고백하신 것이다. 그분의 마음속에 예수 그리스도께서 가장 소중한 모퉁잇돌이 되셨기에 가능한 고백이라고 생각한다.

나는 교회 지도자나 성도나 상관없이, 교회에 오래 다닌 사람이나 이제 막 교회에 발을 들여놓은 사람이나 상관없이 우리가 교회에서 발견해야 하는 것은 어떤 유능한 목사, 어떤 영향력 있는 집사가 아니라 교회의 모퉁잇돌 되시는 예수 그리스도인 줄 믿는다. 그 예수님을 믿는 우리 모두가 되기 바란다.

깨지지 않는 모퉁잇돌

개인적으로 본문의 '모퉁잇돌'에 대해 묵상하면서 참 많은 은혜를 받았다. 한번 생각해보라. 모퉁잇돌이 건물의 모든 하중을 다 받아야 하는데, 그 돌은 어떤 돌이어야 하겠는가? 다른 어떤 돌보다 강도가 높은 돌이어야 한다. 깨지지 않는 돌이어야 한다. 그 돌은 사람이 자기 입맛에 따라 깨고 부수며 변형시킬 수 없는 돌이다.

그렇다면 예수 그리스도께서 교회의 모퉁잇돌 되신다는 것에는 어떤 의미가 담겨 있는가? 예수님은 내 입맛대로 재단하고 변형시킬 수 없는 분이다. 우리는 예수 그리스도에 대해서 둘 중 하나를 선택할 수밖에 없다. 버리거나 취하거나 둘 중의 하나이다. 중간은 없다. 내 뜻에 맞게 변형시켜서 취할 수 없다는 뜻이다. 교회 안에 보면 믿음이 좋은 사람, 믿음이 덜 좋은 사람이 있는 것처럼 보이지만, 엄밀히 말하면 딱 둘 중의 하나이다. 예수님을 내 인생의 주인으로 취한 사람, 취하지 않은 사람 둘 중의 하나인 것이다.

당신에게 예수님은 어떤 분이신가? 그분이 당신 인생의 주인이신가? 그분을 인생의 주인으로 모셔야 한다. 나는 예수님을 오래 믿어온 사람, 더 정확히 말하면 교회에 오래 다닌 사람들에게 심각하게 권면하고 싶다.

"예수 믿기 바란다. 정말 예수님을 믿어야 한다."

교회를 아무리 열심히 다녀도 예수님을 믿지 않으면 아무 소용없다. 예수님을 믿는 것은 예수님을 주인으로 취하거나 버리거나, 둘 중의 하나를 선택하는 것이다. 우리는 정말 예수님을 믿어야 한다!

평생 중증 뇌성마비로 몸을 제대로 가누지 못한 가운데서도 아름다운 찬송시로 많은 사람들에게 감동을 준 송명희 시인이 쓴 시 중에 〈그 이름〉이라는 시가 있다.

사람들 그 이름 건축자의 버린 돌처럼 버렸지만
내 마음에 새겨진 그 이름은 아름다운 보석
내게 있는 귀한 비밀이라 내 마음에 숨겨진 기쁨
예수 오 그 이름 나는 말할 수 없네
그 이름의 비밀을 그 이름의 사랑을

사람들은 몰라서 건축자가 쓰고 버린 돌처럼 예수 그리스도를 버렸지만 송명희 시인은 그 예수 그리스도를 자기 마음의 보석으로 담았다. 그렇기에 손짓 하나 뜻대로 할 수 없는 불편한 몸을 가지고도 많은 사람에게 깊은 감동과 영향력을 주는 존귀하고도 아름다운 삶을 살아갈 수 있는 것이다. 우리 안에 예수 그리스도께서 계셔야 한다. 우리 마음의 주인으로, 아름다운 보석으로 예수 그리스도께서 계셔야 한다.

함께 성장하는 공동체를 지향하라

마지막으로 교회는 완성을 향하여 함께 성장해가는 공동체를 지향해야 한다. 에베소서 2장 21,22절을 보자.

> 그의 안에서 건물마다 서로 연결하여 주 안에서 성전이 되어 가고 너희도 성령 안에서 하나님이 거하실 처소가 되기 위하여 그리스도 예수 안에서 함께 지어져 가느니라 엡 2:21,22

여기에서 '함께 지어져 간다'는 것은 무엇을 전제로 하는가? 아직 미완성 상태라는 것이다. 아직 미숙한 상태라는 것이다. 그렇기 때문에 우리는 지상교회의 미숙함에 대해 실망하면 안 된다. 지상교회는 원래 그런 상태이다. 그렇기 때문에 우리가 부끄러워해야 하는 것은 현재의 미숙한 모습이 아니다. 성장하지 않는 모습을 부끄러워해야 한다.

목사라고, 전도사라고, 신실한 리더라고 해서 완전한 사람이 아니다. 죄성을 가진 불완전한 존재이기는 누구나 마찬가지다. 그러므로 인간은 누구든 100퍼센트 믿으면 안 된다. 인간은 믿을 존재가 못 된다. 인간은 완전하지 않기 때문이다. 이런 연약함을 인정하지 않으면 시험에 빠질 수 있다.

내가 우리 교회 성도들에게 늘 강조하는 말이 있다. 목사 믿으면 안 된다. 절대로 믿으면 안 된다. 조금만 이상한 행동 하고, 조금만 이상한 느낌을 주면 자리를 박차고 일어나야 한다. 왜 이런 불편한 말을 스스로 내뱉는가? 처음부터 이 사실을 인정해야만 실망이라는 시험을 막을 수 있기 때문이다. 그리고 그렇기 때문에 목회자와 성도들이 함께 성장해야 한다.

이런 면에서 한 가지 기억해야 할 것이 있다. 목회자 역시 연약한 존재이므로 목회자의 부족함은 용납해주어야 하겠지만, 용납하면 안 되는 것이 있다. 그것은 성장하지 않는 것이다. 성장하지 않는 것은 용납하면 안 된다. 작년에 지었던 죄를 올해 또 짓고, 올해 회개한 죄를 내년에 또 짓는다면 그것은 목사가 아니다. 장로, 권사, 평신도 리더 다 마찬가지다. 얼마나 믿음이 좋았으면 장로가 되고, 리더가 되었겠는가? 그런데 왜 임명장 받고 성장이 없느냐는 말이다. 병들었기 때문이다. 성장해야 한다.

그런가 하면 성장하되 함께 성장해야 한다. 공동체도 성장해야 하고 각 개인도 성장해야 한다. 21절 말씀처럼 건물 전체가 함께 연결되어 거룩한 성전으로 자라가야 하지만, 또 22절에 기록된 것처럼 그 구성원인 성도 한 사람 한 사람이 함께 성장해가야 한다. 서로를 용납하고 기다려주고 서로의 눈물을 닦아주며 함께 성장해가야 하는 것이다.

위기 속에서 만난 두 가지 은혜

몇 년 전에 있었던 일이다. 우리 교회에 법대에 다니는 학생이 있었는데, 참 성실한 자매였다. 아직 어린 나이였는데도 벌써 사법고시 1차에 합격할 만큼 열심이었다. 그리고 2차 시험을 치렀는데, 안타깝게도 떨어졌다. 1차 시험에 합격하고 나면 2차 시험에 두 번 응시할 기회가 주어지는데, 한 번 떨어지고 나자 자매의 마음속에 불안감이 일어나기 시작했다.

그러다 보니 정신적으로 문제가 생겨 우울증이 찾아왔다. 점점 심해져서 나중에는 일시적이긴 하지만 정신과 치료를 받아야 하는 상황에까지 이르렀다. 그렇게 마음이 무너졌는데, 결국 그것을 극복하고 2차 시험에 합격했다는 기쁜 소식을 전해왔다. 그리고 나서 그간의 일들을 담은 메일을 보내왔는데, 그것을 읽고 정말 큰 감동을 받았다. 그 자매가 보낸 메일의 일부이다.

신림동에서 1년 동안 공부하는 기간은 평생에서 가장 어렵고 마음이 상하고 정신적으로도 절망적인 시간이었습니다. 신앙도 죽은 것과 같은 상태였지요. 열등감과 좌절감이 마음에 자리 잡기 시작했습니다. 작년 9월에는 자다가 갑자기 급성근육경련이 일어나 8시간 동안 몸이 마치 소아마비에 걸린 것처럼 뒤틀려서 죽을 듯이 괴로웠던 일이 일어났습니다. 응급실로 실려 가는데 입술도 돌아가고 혀도 꼬이는 상황이었지요. 그 당시 마음이 너무나 괴로워서 몸이 그렇게 반응을 했었나 봅니다.

엄마와 저는 응급차 안에서 꼬인 혀와 뒤틀린 몸으로 찬양을 불렀고 신기하게도 찬양을 부르다 보면 근육이 풀어져 턱과 혀가 제자리에 돌아와 말을 할 수 있게 되었습니다. 하지만 금방 또 꼬이기 때문에 계속 찬양을 불러야 했지요. 병원에서도 계속 그랬습니다. 참 이상한 광경이었을 겁니다. 멀쩡하게 생긴 아이가 한쪽 어깨는 내려가고 턱은 돌아가고 혀가 꼬인 상태에서 부정확한 발음으로 찬양을 부르며 복도를 걸어 다녔으니까요 그렇게 해야만 몸이 뒤틀리지 않았기에 창피함을 무릅쓰고 그럴 수밖에 없었습니다. 하나님이 나에게 이렇게 극단적인 처방을 내리시는구나 생각했습니다.

'왜 그렇게 절망하니? 어서 일어나라. 이제 그만 힘들어하고 일어나라.'

이렇게 경고하시는 것 같았습니다.

그 어린 학생이 경험한 것은 이론이나 교리로 믿는 하나님이 아니었다. 위기 가운데 자기를 만나주신 하나님, 찬양을 부르면 혀가 풀어지고 턱이 회복되는 경험을 통해 실제적인 하나님을 만났다. 그리고 그 하나님이 주시는 회복을 경험했다. 그러나 그것이 끝이 아니었다. 자매는 계속해서 이렇게 고백했다.

몸이 정상으로 돌아오고 나서 다시 신림동으로 공부하러 갔습니다. 이런 사건이 있고 나서 예배가 회복되기 시작할 때쯤, 어느 주일에 예배를 마치고 나오는데 멀리서 교구 목사님이 보였습니다. 서로 멀리서 확인하고 인사하기 위해 그 목사님이 서서히 제게 다가오기 시작하셨는데, 어느새 목사님 눈가가 빨개지시더니 제 앞에 오셨을 때는 굵은 눈물 한 방울이 주르륵 흘러내렸습니다.

참 신기한 일이었습니다. 그 눈물 한 방울에 제 마음의 닫힌 성이 스르륵 열리는 기분이었습니다. 그리고 나를 불쌍히 여기시고 안타까이 보시며 언제나 사랑하는 마음으로 지켜보시는 주님의 마음이 느껴졌습니다. 어른이, 그것도 목사님이 저를 보자마자 안쓰러움과 걱정으로 울어주시는 것을 보고 저도 마음으로 울 수밖에 없었습니다. 그렇게 하나님의 놀라운 회복의 역사가 시작되었습니다.

결과적으로 위기를 만난 그 어린 자매에게 찾아온 하나님의 은혜는 두 갈래였다. 하나는 누구도 도와줄 수 없을 때 인격자로 찾아와주신 하나님의 은혜였다. 하나님께서는 친히 그 자매를 만나주시고 위로해주시고 능력을 보여주셨다.

그런가 하면 또 하나의 은혜가 있었다. 그것은 담당 목사님의 눈물 한 방울이었다.

이것이 교회 공동체이다. 이 땅의 모든 교회들이 다 이런 교회가 되기를 바란다. 이방인처럼 초라한 자, 나그네처럼 마음 붙일 곳이 없는 자, 그 자매처럼 일시적으로 실패하고 낙심하여 다시 일어날 힘이 없는 연약한 성도가 찾아올 때, 영(靈)으로는 살아 계신 하나님이 친히 위로해주심을 경험하고 육(肉)으로는 교회의 지도자들이나 형제자매들이 따뜻한 눈물 한 방울로 위로해주고 보듬어주는 것, 바로 이것이 교회라고 믿는다.

나는 이렇게 결론을 맺고 싶다. 우리는 세상 사람들을 향해 이론과 교리로 다가가서 그들의 마음을 열 수 없다. 우리는 우리가 받았던 은혜를 가지고 그들의 삶에 다가서야 한다. 한 목사님이 어린 자매에게 보여주었던 그 눈물 한 방울, 낙심한 영혼을 긍휼히 여기는 그 마음으로 다가서야 한다. 그래서 지금 주님의 은혜가 간절히 필요한 누군가의 이름을 떠올리며 깨어 기도하는 우리 모두가 되기를 간절히 바란다.

처음마음

초판 1쇄 발행	2013년 6월 3일
초판 16쇄 발행	2025년 9월 23일
지은이	이찬수
펴낸이	여진구
책임편집	이영주
편집	진효지 최현수 구주은 안수경 김도연 김아진 배예담
책임디자인	마영애 ǀ 노지현 조은혜 정은혜 남은진
마케팅	김상순 강성민
제작	조영석 허병용
마케팅지원	최영배 정나영
경영지원	김혜경 김경희 김영하

303비전성경암송학교 유니게 과정
이슬비전도학교 / 303비전성경암송학교 / 303비전꿈나무장학회

펴낸곳　　규장

주소 06770 서울시 서초구 매헌로 16길 20(양재2동) 규장선교센터
전화 02)578-0003　　팩스 02)578-7332
이메일 kyujang0691@gmail.com　　홈페이지 www.kyujang.com
페이스북 facebook.com/kyujangbook　　인스타그램 instagram.com/kyujang_com
카카오스토리 story.kakao.com/kyujangbook
등록번호 1922-2461
since 1978.08.14

ⓒ 저자와의 협약 아래 인지는 생략되었습니다.
이 출판물은 저작권법에 의해 보호를 받는 저작물이므로 무단 전재와 무단 복제를 할 수 없습니다.

책값 뒤표지에 있습니다.
ISBN 978-89-6097-306-2 03230

규ǀ장ǀ수ǀ칙

1. 기도로 기획하고 기도로 제작한다.
2. 오직 그리스도의 성품을 사모하는 독자가 원하고 필요로 하는 책만을 출판한다.
3. 한 활자 한 문장에 온 정성을 쏟는다.
4. 성실과 정확을 생명으로 삼고 일한다.
5. 긍정적이며 적극적인 신앙과 신행일치에의 안내자의 사명을 다한다.
6. 충고와 조언을 항상 감사로 경청한다.
7. 지상목표는 문서선교에 있다.

하나님을 사랑하는 자 곧 그의 뜻대로 부르심을 입은 자들에게는 모든 것이 合力하여 善을 이루느니라(롬 8:28)

Member of the
Evangelical Christian
Publishers Association

규장은 문서를 통해 복음전파와 신앙교육에 주력하는 국제적 출판사들의
협의체인 복음주의출판협회(E.C.P.A:Evangelical Christian Publishers
Association)의 출판정신에 동참하는 회원(Associate Member)입니다.